华为核心竞争力系列

华为人力资源管理

张强 ◎ 著

海天出版社

HAITIAN PUBLISHING HOUSE

·深圳·

图书在版编目（CIP）数据

华为人力资源管理 / 张强著. — 深圳 ：海天出版
社，2021.10
（华为核心竞争力系列）
ISBN 978-7-5507-3251-3

Ⅰ．①华… Ⅱ．①张… Ⅲ．①通信企业－企业管理－
人力资源管理－经验－深圳 Ⅳ．①F632.765.3

中国版本图书馆CIP数据核字(2021)第157736号

华为人力资源管理
HUAWEI RENLI ZIYUAN GUANLI

出 品 人　聂雄前
责任编辑　朱丽伟
责任校对　李　想
责任技编　郑　欢
封面设计　蒙丹广告

出版发行　海天出版社
地　　址　深圳市彩田南路海天综合大厦　（518033）
网　　址　www.htph.com.cn
订购电话　0755-83460239（邮购、团购）
设计制作　深圳市知行格致文化传播有限公司　Tel：0755-83464427
印　　刷　深圳市希望印务有限公司
开　　本　787mm×1092mm　1/16
印　　张　15.25
字　　数　210千
版　　次　2021年10月第1版
印　　次　2021年10月第1次
定　　价　58.00元

这不是一本著作，确切地说这是一本学习记录，融合一位从研发技术走向人力资源管理的理工男，对华为这样一个世界级高科技公司管理经验的学习、感悟、思考，以及结合工作实践的心得与体会。

2007年，我刚刚从技术岗位走向管理岗位，由一名研发技术人员成长为一名研发管理人员。在一次外部培训中偶然接触了为期2天的华为IPD（集成产品开发）课程，我受到了极度的震撼。原来研发管理还可以这样做！随后我成功地将华为IPD培训课程引入公司，在各级研发管理人员中获得了良好的反馈。

2008年1月起，我因工作需要进一步转型，专注地从事人力资源管理工作，基本上是从头开始学习，并在工作实践中不断地加深对人力资源规划、招聘与配置、培训与开发、绩效管理、薪酬福利管理和劳动关系管理这六大模块的职能型组织人力资源管理的理解与认识。经过整整10年持续不断的实践与积累，自认为对人力资源管理有了较为全面的认识，并积累了一定的实战经验。

2018年3月，借助一次偶然的外部培训机会，我再次接触到了为期3天的关于华为管理的培训课程：以客户为中心、以目标为导向的战略洞察、战略规划和战略解码；"一线呼唤炮火"的营销全流程与组织运作机制；"以奋斗者为本"的战略性绩效管理与激励机制。我再次被华为管理体系的博大精深和严密逻辑所震撼，开始尝试系统地将战略管理、流程变革和绩效管理有机地串联起来，对人力资源管理也有了更深的认识。

2018 年 3 月以后，我几乎将所有的业余时间都用来学习华为的管理体系，并与人力资源管理的实际工作有机地结合起来，工作与学习相得益彰。我还收集了华为创始人任正非先生自 1994 年以来，所有公开发表的文章近 500 篇、超过 200 万字，并将所有文章反复地、仔细地阅读了 3 遍以上，对其中经典的或感兴趣的文章更是阅读了 10 遍以上，不断地结合工作实践以加深理解，这也符合任正非先生对学习的要求，我也体会到"读书百遍，其义自见"的道理。

"我认为学习不要读书破万卷，读书破万卷反而懂得不深不透。我认为要读书破万遍，公司公布的很多文件，是高层智慧，是反复多少遍研究出来的。所以有机会就要多读公司文件，要反复读，一个星期一次行不行？读读你就明白了。如果以后要当将军管理整个队伍，你先看看别人是怎么看待这个问题的，一遍不懂不要紧，多几遍理解就靠近了。"①

在不断反复地阅读任正非先生文章的同时，我也会广泛地阅读其他学者探讨华为管理模式的文章，从中学习其研究成果，借鉴其研究思路。2019 年初起，我开始尝试总结关于学习华为管理的心得体会，并发表。一方面，我可以通过写作，逼自己进一步系统地梳理思路，深入思考，以确保学习的效果；另一方面，我能够持续地加深与同行的沟通交流，在相互学习、相互促进的同时，也希望能够为传播华为管理经

---

① 语出 2006 年 9 月 4 日《华为人》，任正非在苏丹、刚果、贝宁代表处员工座谈会上发表题为《上甘岭是不会自然产生将军的，但将军都曾经是英雄》的讲话。

验、提高国内企业管理水平，特别是人力资源管理水平，尽一份微薄的力量。

伴随华为创业模式的成功，中国越来越多的企业掀起了向华为学习管理经验的热潮。实事求是地说，学到了华为管理经验精髓的中国企业不多，将华为管理经验付诸实践并获得成功的企业更是凤毛麟角。在我看来，学习华为管理经验有两个关键要素：一是知其然，还要知其所以然，因为管理行为背后的底层逻辑更为重要，底层逻辑决定了管理行为；二是企业在学习华为管理经验时，需要结合自身实际情况，对标华为在不同发展阶段所面临的问题与挑战，以及所采取的措施与所获得的效果，唯有如此才能更好地学习并借鉴华为的管理经验，针对性地改进企业自身的管理实践。

学习华为管理经验，我经历了从自发到自觉、从离散到系统、从肤浅到逐步深入的过程，由点到面，再由面到点循环式地加深理解，大致可以划分为四个阶段：对华为管理的初步认识、全面梳理华为成长发展史、系统学习华为人力资源管理 2.0、专题学习华为管理经验。自 2019 年 1 月以来，我根据自己的学习心得，原创并发表了 27 篇文章。

现在我将自己学习华为的管理经验和发表过的文章整合起来，与同行分享，希望能够对企业各级管理人员，特别是人力资源管理人员有所帮助或启迪。如若有所助益，我将感到由衷的欣慰。

HUAWEI

作为一名人力资源管理工作者，在此借用管理大师彼得·德鲁克（Peter F. Drucker）在其成名作《管理的实践》中提出的"我们的事业是什么"的经典三问，对人力资源管理进行思考：

第一问：人力资源管理是什么？

第二问：人力资源管理将是什么？

第三问：人力资源管理应该是什么？

第一问的答案也许是：包含人力资源规划、招聘与配置、培训与开发、绩效管理、薪酬福利管理和劳动关系管理这六大模块的职能型组织人力资源管理。这是许多公司目前人力资源管理的现状。

第二问的答案也许是：由人力资源业务合作伙伴（HRBP）、专家中心（COE）和共享服务中心（SSC）构成的三支柱模式人力资源管理。这是许多公司人力资源管理正在努力转型的方向。

第三问的答案也许是：战略人力资源管理。这是每一个人力资源管理工作者的光荣与梦想，华为人力资源管理就达到了这样的高度。

2018年3月20日，《华为人力资源管理纲要2.0总纲（公开讨论稿）》第一部分有这样一句话："人力资源管理是公司商业成功与持续发展的关键驱动因素。"人们不禁要问，为什么华为人力资源管理能够达到战略人力资源管理的高度，成为公司商业成功与持续发展的关键驱动因素？

为了回答这个问题，不得不从华为取得成功的两个关键因素，以及采用的战略模型说起。2017年6月2日至4日，任正非在华为公司战略务虚会上总结说："一个公司取得成功有两个关键：方向要大致正确，组织要充满活力。"

华为取得成功的两个关键因素，可以用其2006年从IBM公司引入并沿用至今的业务领导力模型（BLM）来进行解读。BLM（如图1-1所示）主要由战略共识和战略执行两个模块组成。战略共识的目的，是保证方向大致正确；战略执行的目的，是保持组织充满活力，这正是人力资源管理的工作任务。

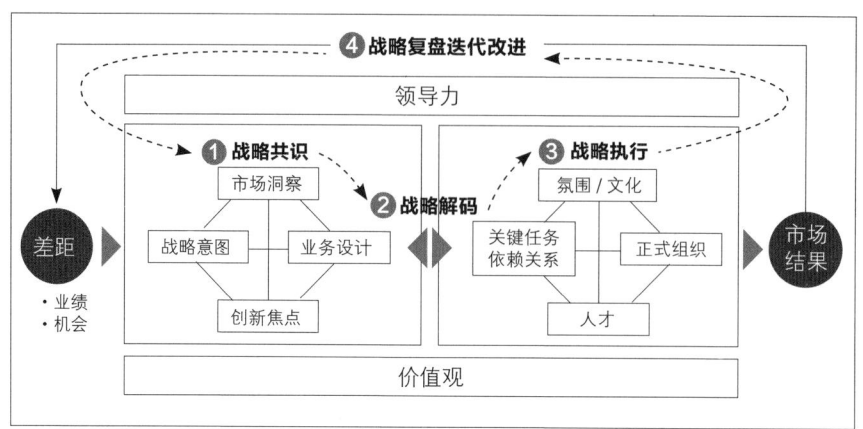

图 1-1　BLM 演示

在 BLM 中，战略执行模块有 4 项任务：关键任务依赖关系、正式组织、人才、氛围 / 文化。关键任务依赖关系起着承接战略共识、启动战略执行的作用：关键任务依赖关系是由战略共识确定，因为战略就是做什么、不做什么；关键任务依赖关系是由流程决定，因为流程规定先做什么、后做什么；流程是开展战略执行后续任务，即正式组织、人才和氛围 / 文化的基础与依据；简单地说，流程是为战略服务的，组织、人才和氛围 / 文化是为流程服务的。

华为战略人力资源管理就是基于"以客户为中心，以奋斗者为本，长期艰苦奋斗"的核心价值观，围绕战略共识输出的关键任务依赖关系，从正式组织、人才和氛围 / 文化三个方面开展工作：建设端到端流程化组织，打造"精英 + 精兵 + 职员"人才团队，营造积极向上的文化氛围，更好地为公司战略服务，确保战略目标的达成，驱动了华为的商业成功与持续发展。

第 1 节
三支柱模式，端到端流程在人力资源管理中的应用

2003 年 5 月，任正非在《在理性与平实中存活》一文中提出流程化组织建设目标：公司的宏观商业模式是，产品发展的路标是客户需求，企业管理的目标是流程化组织建设；公司发展的微观商业模式是一部分有效和谐的方法论，完成企业管理诸元素从端到端、高质、快捷、有效的管理。

2009 年，华为在人力资源管理领域开启了三支柱模式的探索道路；2014 年，华为人力资源管理三支柱模式日趋成熟，充分发挥了对公司战略和业务的支撑作用。

职能型人力资源管理组织结构的弊端分析

人力资源规划、招聘与配置、培训与开发、绩效管理、薪酬福利管理和劳动关系管理这六大模块的职能型组织人力资源管理，涵盖了企业人力资源管理工作的内容，是职能型人力资源管理组织结构设计的理论依据。许多企业据此在人力资源部设置了员工招聘、员工培训、绩效管理和员工关系等业务小组，并分别制订招聘管理流程、培训管理流程、绩效管理流程，以及员工关系相关工作流程，以规范人力资源管理各业务模块工作的开展。

职能型人力资源管理组织结构为金字塔形（如图 1-2 所示）。人力

资源高级经理承担人力资源规划工作，依据公司发展战略确定人力资源工作策略、制订人力资源业务发展规划，明确员工招聘、员工培训、绩效管理和员工关系等业务模块年度绩效目标；各业务模块主管围绕业务模块年度绩效目标制订工作计划并组织员工开展工作，以确保实现业务模块年度绩效目标。

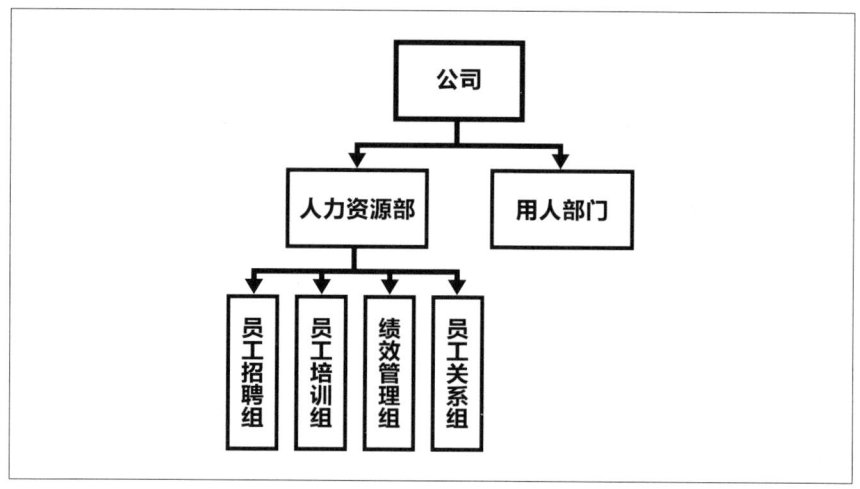

图 1-2　职能型人力资源管理组织结构

职能型人力资源管理组织结构的弊端是各业务模块彼此独立，基于业务功能建立起来的业务流程是端到端且相互孤立、断裂的，这不仅严重影响人力资源管理工作整体效率和实际效果，也不利于员工的职业成长。

一方面，各业务模块工作各自为战，重形式而轻效果，难以统一协调形成合力以满足用人部门人力资源需求，无法有力支撑企业可持续发展；另一方面，各业务模块员工长期专注于所在业务模块的工作，对其他业务模块了解甚少，导致企业难以培养出熟悉所有业务模块的人力资源高级经理的接班人；同时员工也容易产生职业倦怠感而影响工作效率。

对人力资源管理三支柱模式的理解

企业存在的价值是满足客户的需求，即通过满足客户需求获得企业的可持续发展；人力资源存在的价值就是帮助企业满足客户的需求，即通过满足用人部门的人力资源需求来支撑企业可持续发展。

实际上，用人部门真正需要的并不是员工招聘、员工培训、绩效管理和员工关系等单项职能工作，而是针对用人部门人力资源存在的问题，提供整体解决方案并组织实施，以解决存在的问题，提高人力资源效率，更好、更快地实现用人部门绩效目标，支撑企业的可持续发展。为此，人力资源管理工作需要牢固树立以客户为导向的价值观，建立起端到端流程，提供端到端服务，即从用人部门人力资源需求端出发，到满足用人部门人力资源需求端结束。

端到端流程必须简捷、有效、高效、顺畅，应包括分析人力资源需求、设计解决方案、落实解决方案和验证确认有效性等环节；而员工招聘、员工培训、绩效管理和员工关系等业务模块流程，仅仅是在设计解决方案和落实解决方案阶段根据人力资源需要而选择性调用的子流程，是实现目的的手段，是人力资源管理工作的工具而已，手段永远需要为目的服务，决不能喧宾夺主。

基于人力资源管理工作端到端流程，自然而然地就引出了对应的人力资源管理三支柱模式（如图 1-3 所示）：负责分析用人部门人力资源需求，并确认需求是否得到满足的人力资源业务合作伙伴（HRBP）；

负责针对用人部门需求设计解决方案的专家中心（COE）；负责高效组织实施解决方案的共享服务中心（SSC）。

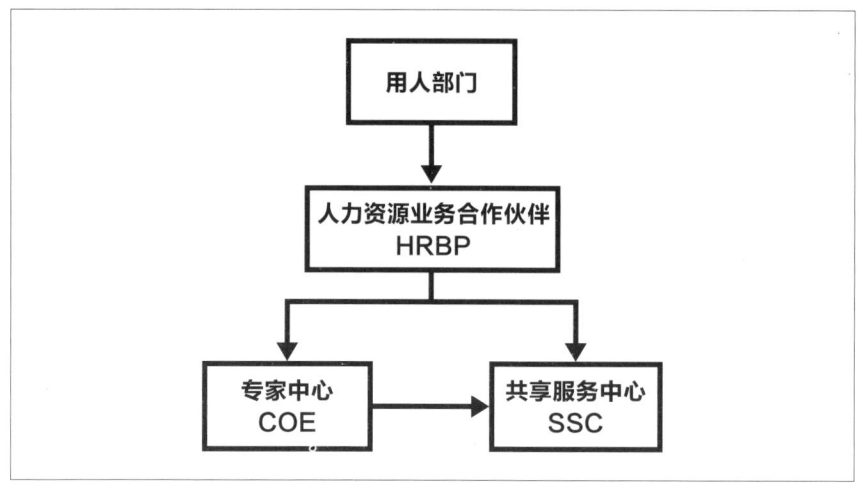

图 1-3　人力资源管理三支柱模式

HRBP 就如同华为"铁三角"作战单元中的客户经理：首先必须把用人部门当作自己的客户，深入用人部门以深刻理解业务；在深刻理解业务基础上，利用人力资源管理专业知识和技能，帮助用人部门分析确定能够有效支撑业务发展的人力资源需求；确定用人部门人力资源需求之后，联动 COE 和 SSC 确定人力资源解决方案，据此制订用人部门人力资源年度工作计划，积极推动年度工作计划的实施，并持续验证、确认用人部门人力资源需求满足度。

简单地说，HRBP 不是为了人力资源管理而开展工作，而是为了用人部门的业务发展而开展工作。为此，HRBP 岗位的员工不仅需要具有人力资源管理专业知识和相关经验，还需要牢固树立客户意识，坚持强化结果导向，并具有良好的沟通协调能力、较强的问题分析与解决能力。

COE 就如同华为"铁三角"作战单元中的解决方案专家，必须针对 HRBP 所确认的用人部门人力资源需求，提供咨询服务，确定解决方案，并为 HRBP 推动解决方案的实施提供有力支持；同时，还应结合所在企业的实际情况，持续优化员工招聘、员工培训、绩效管理和员工关系等管理制度和流程规范的创新、优化和修订，不断丰富完善人力资源产品库。

为此，COE 需要同时扮演好战略家、人力资源管理专家和研究者这三个角色。作为战略家，参与制订公司战略，能够根据公司战略拟定前瞻性的人力资源战略，制订有战略连接性的、全局性的人力资源政策制度，并能够向员工进行战略解读和制度的宣传贯彻；作为人力资源管理专家，能够运用人力资源管理专业知识，设计业务导向的、创新的人力资源管理政策、流程和方案；作为研究者，不仅需要与外部专业咨询和研究机构保持密切联系，及时了解行业前沿动态，而且需要对所在企业的竞争对手动向，特别是人力资源战略、政策导向的调整有敏锐的觉察，做到知己知彼，做到有备而无患。

SSC 就如同华为"铁三角"作战单元中的交付专家，将人力资源管理中大量重复性、事务性工作进行整合，通过标准化、规范化的操作，达到提升人力资源管理工作效率的目的。

SSC 是依据 COE 设计的人力资源解决方案，有效利用资源，高效完成预定目标，通过及时、准确、优质、低成本的交付来满足用人部门的人力资源需求。为此，以客户为中心、能够有效沟通、能进行流程管理、能解决问题和执行力强的员工，才能胜任 SSC 岗位的工作。

HRBP、COE 和 SSC 都会涉及员工招聘、员工培训、绩效管理和员工关系等人力资源管理职能模块的工作，唯有坚持客户需求导向，通力合作,才有可能满足用人部门人力资源需求。

下面以员工招聘为例说明 HRBP、COE 和 SSC 之间的合作关系。

HRBP 负责分析用人部门招聘需求,以明确招聘工作方向,并验证确认用人部门招聘需求满足度,以保证招聘工作效果。

COE 基于用人部门人力资源需求确定招聘策略,选择招聘渠道,并持续优化招聘评估过程中的人才测评方法与工具,以保证招聘工作质量。

SSC 基于招聘策略开展简历收集、面试安排和录用通知等招聘工作,并持续优化招聘工作流程,维护招聘管理系统,以不断提升招聘工作效率。

人力资源管理三支柱模式的应用思考

我自 2008 年 1 月起负责所在公司人力资源部的相关工作,到目前为止,人力资源部依然是职能型组织结构,部门下设员工招聘组、员工培训组、绩效管理组和员工关系组四个小组。

员工招聘组每年年初收集汇总各部门招聘需求,据此制订年度招聘工作计划,绩效目标主要是招聘计划完成率。

员工培训组每年年初负责制订公司级年度培训计划,并收集汇总各部门年度培训计划,据此组织开展员工培训工作,绩效目标主要是培训计划完成率和员工培训满意度。

绩效管理组每年年初督促各部门根据公司年度工作指导意见制订部门年度绩效目标,并报送公司审核批准,然后逐月发起考评流程、汇总考评结果,绩效目标主要是按计划完成考评流程情况。

员工关系组主要承担人事服务等事务性工作，绩效目标主要是关键核心员工流失率。

职能型组织结构的弊端越来越明显。

一方面，人力资源工作与用人部门业务严重脱节。由于对用人部门业务不熟悉，无法评估用人部门招聘需求合理性，导致招聘需求年年大幅度超出公司预期，人力资源利用效率低下；培训课程设置与用人部门业务发展缺乏紧密联系，员工培训投入了大量人力物力，却无法对培训效果做出较为准确的评估，无法说清楚员工培训与绩效改进之间的关系；各部门绩效目标主要由各部门自行制订，与公司整体目标缺乏逻辑关联，虽然各部门绩效目标完成情况良好，但公司绩效目标完成情况不佳；员工关系工作虽说是尽心尽力，却也要面临关键核心员工的离职。

另一方面，各业务模块之间除了信息共享外很少有其他联系。招聘面试过程中发现的新进员工优、劣势，没有准确传递给其他业务模块，以便其在员工入职后引起足够的关注和进行针对性培养以帮助员工扬长避短；绩效考评结果没有及时传递给员工培训模块，以便其及时更新培训课程或培训内容，提升培训工作的针对性和实效性，有效促进绩效改进；员工关系模块通过离职面谈等方式确认的员工离职原因，没有有效地传递给员工招聘模块，以便其在招聘面试过程中引起足够的重视，避免类似情况反复发生。

2018 年下半年起，我所在公司启动了部门评估工作，公司成立专项小组借鉴 ISO 体系审核的做法，每月对两个部门进行深度调研评估，以帮助部门发现不足之处，明确改进方向并持续跟进检查。调研发现各部门存在的共性问题是，发展规划不清晰、人力资源利用效率不高。因此，我开始思考是否可以通过引进人力资源三支柱模式来解决这些问题。

人力资源工作者必须深入用人部门、深刻理解业务，帮助用人部门基于公司发展规划制订部门发展规划，并建立起公司绩效目标与部门绩效目标的有机联系，做到只要部门绩效目标实现就能确保公司绩效目标的实现。

人力资源工作者与用人部门一起诊断分析人力资源效率低下的原因，准确识别出效率低下的员工，并针对性地采取相关工作措施，帮助用人部门提高人力资源效率，促进用人部门绩效目标和公司绩效目标的更好实现，体现出人力资源部的更大价值。

小结

　　HRBP、COE 和 SSC 构成的三支柱模式，是以客户为导向的端到端流程在人力资源管理中的实际应用，相对于传统职能型人力资源管理组织结构对应的段到段流程，能够更好地满足用人部门人力资源需求，从而帮助企业更好地满足客户需求、实现可持续发展。三支柱模式充分体现出人力资源管理的价值，值得人力资源管理工作者尝试，并结合所在企业实际情况持续优化改进。

第 2 节
以客户为中心，建设端到端流程化组织

　　战略人力资源管理的首要任务，是以客户为中心，围绕战略制订输出的关键任务依赖关系，持续进行组织结构变革。

　　企业管理的目标是流程化组织建设。流程化组织建设可以分为三个步骤：理解端到端流程，围绕流程优化岗位和持续变革组织结构。

理解端到端流程

　　流程是指企业内部发生的某项业务从起始到完成，由多个部门和多个岗位，经多个环节协调及顺序工作，共同完成的完整过程。简单地讲，流程就是一组将输入转化为输出的过程。端到端流程是指从客户需求端出发，到满足客户需求端去，提供端到端服务，端到端的输入端是市场，输出端也是市场。

　　华为将流程归纳为执行类、使能类和支撑类三类，合计 15 个一级流程；并为每一个一级流程任命全球流程责任人 GPO，负责流程建设，推进流程改进，提高流程执行力，确保流程高效运作。

　　执行类流程是客户价值创造流程，定义创造客户价值所需的端到端业务活动，并向其他流程提出协调要求，包括集成产品开发、市场到线索、线索到现金、问题到解决四个流程。

　　使能类流程响应执行类流程的要求，支撑执行类流程，创造客户价值，包括战略制订到战略执行、客户关系管理、服务交付、供应链、采购、伙伴与联盟关系管理、资本运作管理七个流程。

支撑类流程是公共服务支撑流程，支撑公司高效和低风险运作，包括人力资源管理、财务管理、业务变革及信息技术管理、基础支持管理四个流程。

围绕流程优化岗位

岗位需要围绕流程而持续优化，以保证基于流程的业务高效运行。岗位描述的是做什么，是个静态的概念；流程强调的是为了完成目标任务，岗位工作是如何依次开展的，是个动态的概念。

打个比方，帮助理解岗位、流程与业务的关系：岗位就好比火车站，流程就好比铁路线，高铁就好比业务；高铁的目的地确定铁路线的走向，铁路线的走向确定火车站的设置；岗位和流程共同支撑起业务的高效运行，就如同火车站与铁路线共同支撑起高铁的高效运行一样。

华为面向客户的"铁三角"作战单元，就是围绕线索到现金的流程进行岗位优化的结果。

面向客户的"铁三角"作战单元，包括客户经理、解决方案专家、交付专家三个岗位。

客户经理负责管理客户关系，抓住市场线索、确认客户需求；

解决方案专家负责基于客户需求制订整体解决方案以满足客户需求，为客户更好地创造价值；

交付专家负责确保产品交付周期和质量，通过满足客户需求实现及时现金回款的目标。

面向客户的"铁三角"作战单元，是一个小而美的团队，其作用就是聚焦客户需求，发现机会，咬住机会，通过呼唤组织力量，驱动公司满足客户需求，成就客户的理想，从而达到及时回款、促进公司发展的目的。

围绕流程优化岗位的另一个案例，就是由 HRBP、COE 和 SSC 构成的三支柱模式。

持续变革组织结构

组织就是指人们为实现一定的目标，互相协作结合而成的集体或团体。流程化组织，是由流程中多个工作上相互关联，或具有相似职责与能力要求的岗位组成的。组织结构变革，不仅仅是优化岗位设置与组织结构，更重要的是优化权力与资源在岗位或组织之间的分配。

能够更好地与端到端流程相匹配的组织结构，是基于二维驱动的矩阵型组织：一个维度是自上而下纵向的、职能型部门，履行专业化人才培养和岗位能力建设的职责；另一个维度是面向客户横向的、流程化团队，履行以客户为中心、为客户创造价值的职责。

由传统的职能型组织，逐步变革转化到能够与端到端流程充分匹配的强矩阵组织，需要经历弱矩阵组织、平衡型矩阵组织和强矩阵组织三个阶段。

弱矩阵组织实际上是一个低效的假矩阵型组织，面向客户的流程化团队责任人没有任何权力，只是一个协调员，真正的权力还在职能部门经理那里。

平衡型矩阵组织强调横向的力量和纵向的力量基本均等，即流程化团队责任人的权力与职能部门经理的权力基本相当，拥有一定的资源分配权和绩效考核权。

强矩阵组织进一步强化以客户为中心，增强横向的支撑与服务、减弱纵向的管理与控制，流程化团队责任人的权力大于职能部门经理的权力。

变革组织结构的阻力来自既得利益者，即集团公司总部和各级职能组织。华为坚持自我批判的纠偏机制，持续不断地向臃肿、低效的官僚组织机构开刀，逐步转变机关职能，持续合理地下放权限；通过两轮变革，基本建成了高效运行的流程化组织结构。

华为流程化组织的第一轮变革，是把计划下放到地区部，各地区部计划合并成公司总计划，以确保总计划更加接近实际情况。

2007 年 7 月 13 日，任正非在华为英国代表处的第二次讲话中明确提出："我们要以产品线、地区部、代表处为基本单元，建立计划、预算、核算体系。目的是为地区部、代表处及产品线的作战服务，而不是为了总部汇总一张财务报表服务。"

华为流程化组织的第二轮变革，是让听得见炮声的人来呼唤炮火，后方平台负责服务、支持及监管，逐步让代表处为主体的作战部队来指挥战斗，实现"以技术为中心"向"以客户为中心"的转移。

2019 年 2 月 12 日，任正非在华为运营商 BG^① 组织变革方向汇报会上的讲话中进一步强调："改变作战方式，明确代表处是作战中心，机关 BG 和地区部 BG 共建面向代表处的透明的资源和能力中心，通过市场机制运作和考核。作战资源和能力一步获取，决策两层闭环，支撑代表处高效作战。"

---

① 在华为，BG 是 business group 的简称，指华为的一个业务集团。

　　华为第二轮组织结构变革的主要任务是：权力进一步向前线倾斜，使得面向客户的作战单元权力越来越大；资源进一步向后方聚集，使得提供炮火支援的平台能力越来越强。

　　目前为止，华为高效"蛇形"流程化组织已经基本成型：小前端的"蛇头"灵活突击，大平台的"蛇身"有力支撑；小前端的"蛇头"，围绕业务特点灵活设置，规模弹性管理，体现出灵活性和自适应性，确保准确对准客户的痛点，及时满足客户的需要；大平台的"蛇身"，有效聚集了精兵组织的共享资源，通过直接顺畅的沟通，有力地支撑小前端的"蛇头"更好、更快地为客户创造价值。

　　总而言之，华为以客户为中心，建设端到端流程化组织，所遵循的基本原则就是：在有效监控的前提条件下，充分给一线团队授权，确保一线团队责任到位、支撑到位，更好地为客户创造价值，实现公司战略目标。

第 3 节
以奋斗者为本，打造"精英＋精兵＋职员"人才团队

2019 年 4 月 12 日，任正非在消费者业务誓师大会上讲话，总结了华为人才团队建设经验：

坚决走"精英＋精兵＋职员"队伍的建设道路，走内涵式发展方式。

选拔和培养建立有洞察战略能力的精英队伍；选拔和培养建立能打敢拼、善于胜利的精兵队伍；让职员不流动，建立像河流堤坝一样让业务可以自由流动的机制，他们可以不实行岗位流动，可以本地化。这是我们要逐步实施的过程，以保障作战队伍的灵活机动。

精英和精兵选拔机制

2011 年 1 月 4 日，任正非在华为干部高级管理研讨班上明确提出："华为内部培训班的办学方针要从培养制转变为选拔制，干部员工有偿学习，自我提高。"

公司负责制订岗位的任职资格标准，做一个指引表，帮助员工明确能力提升的努力方向；公司基于岗位任职资格标准，在全世界范围内选拔优秀者，淘汰落后者，形成你追我赶的赛马文化；员工要为自己的成长负责，针对岗位任职资格，缺什么就自行去补什么；员工达到相应标准就可以升职，不适合岗位标准就会被淘汰，将压力直接传递给员工，

激发员工长期奋斗。

华为建立并持续完善选拔制度，包括选拔原则、选拔标准和选拔程序。

一、选拔原则

华为对精英和精兵的选拔原则，坚持素质、绩效和经验全面达标。

素质是基础：一是要认同并践行公司核心价值观，这是衡量干部的基础；二是具有自我批判的能力，公司通过关键事件过程行为来确认员工是否具备高素质，如是否愿意到发生战乱或瘟疫等最艰苦的地方去、是否敢于承担责任等，这是干部的资格底线。

绩效是条件：绩效是必要条件和分水岭，出成绩的团队要出干部，优先选拔责任结果好、在一线和海外艰苦地区工作的员工进入干部后备队伍培养；连续不能实现管理目标的主官要免职。

经验是保证：能力是持续取得绩效的关键成功要素，经验则是对能力的验证；遵循"猛将必发于卒伍，宰相必起于州郡"的原则，对高层领导的选拔，要看其是否有基层和一线工作经验、是否在一线和艰苦地区工作过并有过良好的表现、是否有在业务单位独当一面的任职经历并取得过优秀业绩。

二、选拔标准

华为不仅对不同层次的干部有不同的选拔标准，对正职与副职、作战主官与平台主官也有着不同的选拔标准。

高层干部要有决断力和人际连接力：洞察变化、把握好组织前行的方向，保持方向基本正确；抓住主要矛盾和矛盾的主要方面，懂得妥协，协调好各方资源，控制好组织前行的节奏。

中层干部要有理解力：在充分理解高层干部战略意图基础上，激发组织活力，有效传递压力，确保战略落地。

基层干部要有执行力：坚决执行、大力落实高层制订的战略，坚忍不拔直到出结果、打胜仗。

表 1-1　华为的"狼狈"合作模式

职务	比喻	要求	否决
正职或作战主官	狼	1. 必须要有战略洞察能力与战斗的决断力，要敢于进攻 2. 必须清晰地理解公司的战略方向，对工作有周密的策划，要善于进攻 3. 有决心、意志、毅力，富于自我牺牲精神，全力去争取胜利 4. 具备领袖色彩，能带领团队不断地实现新的突破，取得新的胜利	文质彬彬、温良恭俭让、事无巨细、眉毛胡子一把抓，而且越抓越细的人不适合做正职或作战主官
副职或平台主官	狈	1. 要精于管理，具备正确的执行力，来实施组织意图 2. 在撕开口子后，通过精细化管理，精耕细作，守住胜利果实 3. 逐步由具有成功实践经验的职业经理人来担任	大大咧咧的人不适合做副职或平台主官

华为认为，"狼狈"合作是最佳进攻型组织（如表 1-1 所示）：正职或作战主官，应像狼一样关注胜利，敢战方有前途，善战才能胜利；副职或平台主官，应像狈一样及时、准确地为正职或作战主官提供服务与支持，一切为了前线，一切为了打赢。

三、选拔程序

华为干部选拔程序是采用"三权分立"的方式，三个权力分别由不同的组织行使，相互制衡，不断地把合格的干部选出来，把不合格的干部挡住或剔除。

第一个权力是建议权与建议否决权：在矩阵型组织结构里，建议权是由日常行政管辖组织，即职能型部门来行使；建议否决权是由矩阵的另一方，即面向客户的流程化团队来行使。

第二个权力是评议权和审核权：评议权是由促进公司能力建设与能力提升的组织，即华为内部培训班来行使；审核权是由日常行政管辖的上级部门来行使。

第三个权力是否决权和弹劾权：由代表公司全流程运作要求、全局性经营利益和长期发展的组织，即党委①来行使；在干部选拔任命的过程中间行使否决权，在干部日常管理的过程中间行使弹劾权，否决权和弹劾权必须要有事实依据。

精英和精兵培养机制

华为之所以能够让内部英才辈出、外部优才汇聚，打造出一支匹配业务、结构合理、专业精深、富有创造活力的专业人才队伍，是因为在完善的选拔机制基础上，精英和精兵的培养机制还具有"之"字形成长

---

① 华为的党委属于人力资源体系，负责干部任用监督，有用人的一票否决权；由于华为是一个全球化的企业，对外比较少地提到党委，而是以道德遵从委员会的名义出现。

道路、训战注重实效、流动激发活力三大特色。

一、"之"字形成长道路

华为早期干部大都是"直线"型成长起来的，这样的干部特点是单纯，不太明白横向业务，难于承担起全面发展、协调性强的工作任务。2009 年起，华为借鉴美国航空母舰舰长的"之"字形培养机制，开始推动优秀的、有视野的、意志坚强的、品格好的干部走"之"字形成长的道路，培养出了大量的将帅。

以具有典型代表意义的应届毕业生培养为例，来说明华为为员工提供的"之"字形成长道路。

每年都有大量理工科应届毕业生，通过研发岗位被招聘进入华为。首先，他们会被安排到全球技术服务部（GTS）实践一段时间；然后，再到研发岗位工作两三年，完成一些项目，取得一些成功经验；最后，再分流到各岗位，为公司提供源源不断、具有战略洞察力的后备力量，因为华为坚持认为，懂技术才会有战略洞察。

现任华为消费者业务 CEO、华为终端公司董事长、华为常务董事余承东，走的就是这种成长道路。1993 年，余承东加入华为技术有限公司，后历任华为中央研究部总工程师、3G 产品总监、无线产品行销副总裁、无线产品线总裁、欧洲区总裁、战略与市场体系总裁等职务，经历了研发、销售、市场、战略等多个岗位的洗礼，最终成为帅才。

二、训战注重实效

华为不仅为员工提供"之"字形成长道路，更重要的是在公司每一次变革转型、员工每一次成长转型期间，提供针对性的有效培训，以帮助员工更好地适应新的工作环境，更快地成长。

华为培训体系建设的里程碑事件如下：

1997 年，开始建立培训体系，以培训新员工与客户管理为导向；

2000 年，各业务部门设立干部中心，培训体系开始走向专业化；

2003 年，成立华为培训中心，课程、师资开始统一规划建设；

2005 年，正式成立华为内部培训班。

华为内部培训班的定位，是为华为公司主航道业务培育和输送人才，其特色是训战结合。

一切为了作战胜利，仗怎么打，兵就怎么练，所有训练的表格和实际操作的表格是一模一样的，代码、标识符……也是一模一样的。

将赋能简单化，简单化就是不讲原理，直接讲作战方法，训战结合的赋能和考试全以沙盘进行推演，无论计划、预算、核算……都是以真实的场景来实行。

以华为线索到现金（LTC）流程变革和一线管理者培训项目（FLMP）为例，来说明华为内部培训班训战结合的特色。

LTC 流程变革，是以多打粮食和一线作战能力提升为目标。怎么考试呢？小组学员讨论准备怎么去做这个事情，一起把整个模型做出来，并输出结论。这个结论，华为内部培训班老师也不评分，然后学员就带着结论回去实施。实施以后怎么考试？就考学员所在代表处能不能增产、能不能盈利。不能增产和盈利，就不能提拔学员；粮食丰收了，说明学员的考试成绩合格了，这就是训战结合：将军是靠自己打出来的，而不是靠上级的评估与任命。

FLMP 通过自学与考试、课堂教学、实践体验、述职答辩和持续学习五个步骤的训战结合（如表 1–2 所示），帮助学员完成从骨干（个人贡献者）到管理者的转身，并点燃每个学员的内心之火。

表 1-2　FLMP 五个步骤的训战结合

步骤	赋能环节	概述
1	自学与考试	学员通过自学，初步了解管理理论及相关知识点
2	课堂教学	基于公司对基层管理者的要求，培训课程包括基层管理者角色认知、团队管理、绩效管理、有效激励和公司人力资源管理政策，转换学员思想，为学员植入管理意识和理念
3	实践体验	在岗实践 5 至 6 个月，通过具体实践固化行为
4	述职答辩	组织"思想"和"业务"双重过硬的"班长"进行考核答辩，成绩作为新任干部未来晋升的依据
5	持续学习	推送 FLMP 知识管理平台和学习地图，方便学员在岗学习

三、流动激发活力

为激发员工活力，华为建立并持续完善横向、纵向和反向三种流动方式。

（一）"之"字形横向流动

为了激发组织活力，华为明确规定：没有周边工作经验的人不能当主管，严格限制在单一业务领域成长起来的烟囱式干部，鼓励并为员工提供"之"字形成长机会与路径，实行两种轮换机制。

一种是业务轮换，如研发人员去搞中试、生产、服务，使他们具有相关经验，真正理解什么叫作商品，那么他才能成为资深技术人员。另一种是岗位轮换，让中、高级干部的职务发生变化，这不仅有利于公司管理技巧的传播，形成均衡发展，而且有利于干部快速成长。

（二）能上能下纵向流动

华为认为，不坚持考核，就会以公司结束为代价，考核是考核不走优秀干部的。华为实行干部目标责任制以及任期负责制，即使是高级干部也要能上能下。

坚持责任结果导向的考评制度，对达不到任职要求的，要实行降职、免职，以及辞退的处分。

已经降职的干部，一年之内不准提拔使用，更不能跨部门提拔使用。

绝不能在本部门将副职递补提成正职，不然以后就会出现正、副职的不合作。

在任期届满，干部必须通过自己的述职报告，以及下一届的任职申请，接受组织与群众评议，并重新确定薪酬。

华为还认为，坚持必要的淘汰是需要的，因为没有新陈代谢，就不会有生命的延续；坚持干部末位淘汰制度，建立良性新陈代谢机制；坚持引进一批批优秀员工，形成源源不断的干部后备资源；末位淘汰的目的是通过挤压队伍，来激活组织，鼓励先进，鞭策后进，自然而然地选拔产生领袖。

（三）"蓝军"反向流动

华为在其核心职能平台战略与业务发展部下设与"红军"相对应的"蓝军"。"红军"代表着现行的战略发展模式，"蓝军"代表主要竞争对手或创新型的战略发展模式；通过唱反调的方式，来保证公司方向大致正确。

2013 年 9 月 5 日，任正非在无线业务汇报会议上说："要想升官，先到'蓝军'去，不把'红军'打败就不要升司令。'红军'的司令如果没有'蓝军'经历，也不要再提拔了。你都不知道如何打败华为，说明你已到天花板了。"

"蓝军"已经成为华为中高级干部重要的反向实习基地，通过反向实践，培养干部具有正反两方面的视角和思路，形成战略上的开放思维。1993年加入华为，现任华为副董事长、轮值CEO的徐直军，就曾有过华为"蓝军"司令的任职经历。

稳定的职员队伍

为了适应越来越复杂的项目要求，华为在实践中探索并逐步形成了"主官 + 专家 + 职员 + 新兵"的作战队伍。主官的责任，是盯着战略目标的不确定性；专家的责任，是研究应对前进路径的方案与不确定性；职员的责任，是把确定性工作做到最好。

对于想去做领袖的高端员工，华为采用末位淘汰制逼着他优秀、更优秀；对于基层员工，则是实行绝对考核，只要他们创造的价值大于公司为其付出的成本，就让他们在轻松的状态下去工作，创造绩效，多些收益。

职员负责职业化的操作与运营，华为95%的确定性工作是由职员承担的。为此需要建立起稳定的职员队伍，以持续提高工作效率，保证工作质量，夯实公司高效运营、稳定发展的基础。

华为对职员的具体要求是：充分理解本职岗位工作，按照规程和指令来操作；根据工作量大小、差错率高低等，来确定职员的职级和待遇；职员按完成命令的符合度承担责任，而不是对结果负责，以减少沟通成本；要求职员干一行、爱一行、专一行，只要愿意并且能够认真负责地做好本职工作，贡献大于成本，则不循环、不流动、没有年龄上限限制，让职员拥有职业安全感，能够快乐地度过幸福平凡的一生。

职业安全感有助于职员专注本职工作，有利于职员高质量、高效率地完成岗位工作，提供质量好、服务好、价格低的产品和服务，更好更快地满足客户需求，更好地践行"以客户为中心"的核心价值观。

第4节
长期艰苦奋斗，营造积极向上的文化氛围

在持续优化流程化组织结构、不断加强人才团队建设的同时，战略人力资源管理第三项工作任务就是，物质文明和精神文明一起抓，充分激发并长期保持组织活力。

物质文明是基础，精神文明是保证。没有物质文明的精神文明，如同空中楼阁，是缺乏坚实基础的；只有物质文明和精神文明交替提升，才能持续营造出积极向上的文化氛围，充分激发组织活力，激励员工长期艰苦奋斗，在公司战略方向大致正确的基础上，确保战略落实，实现公司可持续发展。

华为物质文明建设的核心，是基于人性欲望的激励机制；华为精神文明建设的重点，是企业文化建设。

很多公司都会重视企业文化建设，但是企业文化建设很容易流于形式：如果写在纸上，难免墙上挂挂；如果烙在心中，可以谓之文化；如果落在实处，方能成就伟大。

华为精神文明建设重点，是在适度的物质激励基础上，以远大目标激发员工雄心，鼓励员工保持成长的愿望、责任感和使命感，坚持长期艰苦奋斗。

华为企业文化之所以能够落实到员工实际行动中，是因为其企业文化建设有三大特点：讨论达成共识，规范固化习惯，营造文化氛围。

讨论达成共识

企业文化建设的关键不仅仅是单向宣贯，更加重要的是需要员工深刻理解企业文化，因为：员工只有深刻理解企业文化，才有可能发自内心地认同企业文化；员工只有发自内心地认同企业文化，才有可能自觉自愿地践行企业文化；许多好的文化与制度，员工不是不愿意接受，而是不愿意被动地接受，员工希望被尊重，而不是被忽视。

坚持自我批判是华为的纠偏机制。华为企业文化建设的法宝是以开放的心态进行自我批判，允许全体员工公开、充分地讨论企业文化与规章制度，帮助员工深刻理解企业核心价值观，进而自觉自愿地践行企业核心价值观。

众所周知，华为的成功是从《华为基本法》开始的。1996 年 6 月 30 日，任正非在《再论反骄破满，在思想上艰苦奋斗》的讲话中指出：

我们正在进行《华为基本法》的起草工作，《华为基本法》是华为公司在宏观上引导企业中长期发展的纲领性文件，是华为公司全体员工的心理契约。

要提升每一个华为人的胸怀和境界，提升对大事业和目标的追求。每个员工都要投入到《华为基本法》的起草与研讨中来，群策群力，达成共识，为华为的成长作出共同的承诺，达成公约，以指导未来的行动，使每一个有智慧、有热情的员工，能朝着共同的宏伟目标努力奋斗，使《华为基本法》融于每一个华为人的行为与习惯中。

《华为基本法》的起草过程比结果更重要。"重要的事情不着急"，这是任正非定下的基本原则。《华为基本法》起草、讨论的过程，就是华为员工统一思想与认识的过程，在深刻理解基础上高度认同核心价值观的过程，引导公司从创业阶段走向发展阶段的过程。

《华为基本法》从 1996 年开始编制，到 1998 年 3 月定稿发布，全员参与，充分讨论。

《华为基本法》起草期间，华为干部每个周日都要牺牲休息时间，到公司学习、讨论《华为基本法》。

1996 年 12 月 26 日，《华为人》刊登了《华为基本法》第四讨论稿，任正非要求所有干部、职工带回去读给家人听，回到公司后提出自己的意见和建议。

1997 年春节，任正非为每一个华为人布置了寒假作业，认真学习《华为基本法》的同时过好春节，"如果说企业文化是公司的精髓，那么《华为基本法》是企业文化的精髓"。

所以，当《华为基本法》正式发布后，任正非这样说：《华为基本法》的历史使命已经完成，因为基本法的理念已经融入华为人的血液里去。

不仅仅是讨论《华为基本法》，华为还以各种方式组织大讨论，允许员工批评公司或提出反对意见，以帮助公司持续丰富企业文化及员工深刻理解企业文化。

华为大量以"总裁办电子邮件"名义发布的文件，最后部分大都会有类似"抄送：公司全体员工"的字样。

心声社区是华为一个面向全体员工，免费、免责的"罗马广场"①，STW（战略技术研讨会）会议更是一个面向公司高层、免责的"罗马广场"。华为内部培训班的培训中有一个环节是针对公司价值观进行大辩

---

① 任正非表示："公元 1 世纪至 5 世纪是人类文明繁荣的历史时期，那时没有互联网、电话，但是不要认为很落后，民主制度、雅典法典、罗马法典、议会制度……都来源于那个时候，因为每个人都可以站在罗马广场上阐述自己的观点，天才成批来。"

论，允许有反对的观点，只要是动了脑筋的、有水平的观点，都是可以过关的。

甚至有员工在大会上当面批评任正非，任正非说："我没生气啊，我生气的是那种唯唯诺诺，根本就不动脑筋的人。"

公司老板的高度，决定了公司能够达到的高度；任正非虚怀若谷的心态，是铸就华为成功的基础。

规范固化习惯

通过公开、充分的讨论，帮助员工深刻理解公司核心价值观，在达成高度共识的基础上，更重要的是需要将公司核心价值观转换为员工的日常工作行为，帮助员工养成良好的日常工作习惯。

为了帮助员工养成良好习惯，华为提出了"促进自律，完善他律"的制度建设要求：一方面要求员工自律，实现低成本管理；另一方面，持续完善流程规范，落实监管机制，通过有效监督帮助员工养成良好习惯。

为了约束"以自我为中心"的人性，强化"以客户为中心"的核心价值观，华为持续建设一线呼唤炮火、后方有求必应的端到端流程，不断完善责任、权力、组织、资源、能力、流程和信息系统等多个组织管理要素。

在责任分工方面，将战术指挥重心下沉一线，高层和机关聚焦战略制订、方向把握及资源调配。

在权力授予方面，行政管理和作战指挥权力分离，基于清晰的授权规则和基层任务进行合理授权。

在组织配置方面，根据作战需要，模块化地剪裁和调整一线组织。

在资源布局方面，战术资源贴近一线作战部队，战略资源集中布局、快速有效响应。

在能力建设方面，以战略要求为主线，开展综合性能力建设。

在流程运作方面，作战流程面对复杂多变、不确定的环境，相对灵活，聚焦作战胜利；行政管理流程则严谨全面，以保证合规合法，规避风险。

在信息系统支撑上，构建互通的信息环境，使各级指挥官在任何时间和地点都能获取完成任务需要的信息，对作战环境形成共同的理解。

为了约束好逸恶劳的习气，强化"以奋斗者为本"的核心价值观，华为将员工分为三类：

第一类是普通劳动者。只要他们创造的价值大于成本，就应该依法保护他们的利益，并根据公司经营情况给他们稍微好一点的报酬。

第二类是一般奋斗者。允许一部分员工不是积极的奋斗者，他们希望平衡工作与生活的关系，每天上班努力奋斗，下班能够早点回家休息。

第三类是有成效的奋斗者。他们是华为事业的中坚力量，他们竭尽全力为公司创造价值，并通过奖金与股票等方式分享公司的剩余价值。

华为坚持以价值创造为基础的利益牵引机制，通过价值创造、价值评价和价值分配，保证奋斗者的利益，激励奋斗者持续创造价值，形成良性循环。

随着时间的推移，华为的老员工躺在股票收益上混日子的现象越来越严重，甚至形成了"食利"阶层，原来拉车的人变成了坐车的人，因为工资和奖金就只是零花钱，而虚拟股收益可观到可以随便买车买房的地步，这样谁还愿意艰苦奋斗呢？为了刹住老员工日益懈怠的风气，强化"长期艰苦奋斗"的核心价值观，华为持续改进股权激励制度。

2002 年，华为开始实施虚拟股份制度，以鼓励员工奋斗。

2008 年，华为微调了虚拟股制度，实行饱和配股制，即规定了员工的配股上限，每个级别达到上限后，就不再参与新的配股，以利于激励新进员工。

2013 年起，华为逐步在全公司范围内实施时间单位计划（TUP），采用 5 年"递延 + 递增"的分配方案，基于员工历史贡献和未来发展前途，来确定长期但非永久的奖金分配权利，以消除"一劳永逸、少劳多获"的弊端，使长期激励能够覆盖到华为所有员工，将长期艰苦奋斗的文化落到实处。

假如，2014 年给员工 TUP 授予资格，配了 1 万个单位，虚拟面值为 1 元：

2014 年（第一年），没有分红权；

2015 年（第二年），获取 10000 × 1/3 分红权；

2016 年（第三年），获取 10000 × 2/3 分红权；

2017 年（第四年），全额获取 10000 个单位的 100% 分红权；

2018 年（第五年），在全额获取分红权的同时，另外进行升值结算，如果面值升值到 5 元，则第五年获取的回报是：全额分红 +10000 ×（5-1），同时对这 10000 个 TUP 单位进行权益清零。

华为通过薪酬结构的设计来牵引、保证员工的行为规范符合公司"以客户为中心，以奋斗者为本，长期艰苦奋斗"的核心价值观。

营造文化氛围

人是群体动物，大都有随大溜的习惯，容易受到他人行为的影响。华为通过领导以身作则、老员工持续跟进、新员工发扬光大的方式，营造出了良好的文化氛围。

一、领导以身作则

1996 年，孙亚芳带领市场部高管集体辞职，接受组织专业测评，优胜劣汰，初步在华为形成干部能上能下、工作能左能右、人员能进能出、待遇能升能降的"四能"文化。

2017 年 2 月 15 日至 16 日，任正非在泰国与华为地区部负责人、在尼泊尔与员工座谈时承诺："只要我还飞得动，就会到艰苦地区来看你们，到战乱、瘟疫地区来陪你们。"于是，"我若贪生怕死，何来让你们去英勇奋斗？"这句话带动了华为长期艰苦奋斗的文化。

任正非认为，将军是选拔出来的，并不是培养出来的，学习与成长是员工自己的责任；他多次强调应保持开放的心态，一杯咖啡吸收宇宙能量；他不仅坚持与公司内外、不同层次人员的沟通交流，而且 50 年来保持每天学习到深夜的习惯，所以才会在自 2019 年以来，面对中外记者密集采访时表现出博大精深的知识、睿智深远的观点，极大地带动华为对外开放、主动学习的文化。

2018 年 4 月，华为"蓝军"整理的《人力资源 2.0 总纲研讨班上对任总的批判意见汇总》，俗称"任正非十宗罪"，直接发给了任正非，任正非将其公开发布到心声社区，把错误都揽到自己身上，"我错了，我改"，并付诸实际行动，带动了华为坚持自我批判的文化。

二、老员工积极践行

2014 年 6 月 24 日，任正非在华为人力资源工作汇报会上做总结：

非物质激励就是要把英雄的盘子划大，敢于表彰，促使员工的长期自我激励。

第一，非物质激励就是要把英雄的盘子划大，毛泽东说"遍地英雄下夕烟"。现在我们要把英雄先进比例保持在 60% 至 70%，剩下 30% 至 40%，每年末位淘汰，走掉一部分。这样逼着大家前进。

第二，敢于花点钱做一些典礼，发奖典礼上的精神激励，一定会有人记住的，这就是长期自我激励。

正因为如此，才会有以下事件：

2000 年，深圳五洲宾馆出征将士的送行大会上，"青山处处埋忠骨，何须马革裹尸还"的大幅标语；

2016 年，"出征·磨砺·赢未来"研发将士出征大会，集结 2000 名研发高级专家及干部，奔赴战场的"春江水暖鸭先知，不破楼兰誓不还"壮举；

2019 年 5 月，面对美国全力打压的生死关头，做了两万枚题词"不死的华为"金牌奖章，以表彰先进，激励士气，向死而生。

三、蓬生麻中，不扶自直

2017 年 4 月，任正非在哈佛商学院全球高管论坛上的演讲中说道："真正的挑战还是华为的核心价值观能否真正制度化，真正融化在各级干部的血脉中，从而构建起一个奋进的、强壮的、包容的企业文化氛围，使得新加入者不论其动机如何、文化背景如何、价值取向如何，都能融入这一文化氛围，不断壮大我们的奋斗者队伍。这就是蓬生麻中、不扶自直的道理。"

正是在领导以身作则、老员工持续跟进，营造出来的良好文化氛围影响下，华为才会不断涌现出在枪林弹雨中成长起来的新生代。

华为全体员工深刻理解、高度认同，并用实际行动践行华为核心价值观，坚持自我批判的纠偏机制，为华为的持续发展提供了生生不息的核动力。

小结

华为战略人力资源管理，将"以客户为中心，以奋斗者为本，长期艰苦奋斗"的核心价值观，通过建设端到端流程化组织，打造"精英＋精兵＋职员"人才团队，将营造积极向上的文化氛围等实际工作落到实处，充分激发了组织活力，确保了公司战略方向大致正确的落地执行。

正是因为如此，人力资源管理才成为华为商业成功与持续发展的关键驱动因素。

第 5 节
人力资源管理是华为商业成功与持续发展的关键驱动因素

2018 年 3 月 20 日,《华为人力资源管理纲要 2.0 总纲（公开讨论稿）》在总结过去 30 年华为业务发展取得了巨大成就的基础上,充分肯定了人力资源管理的作用:"人力资源管理是华为商业成功与持续发展的关键驱动因素。"

华为人力资源管理走过了粗放地满足业务需求的人事服务阶段、专业且系统地满足业务需求的人力资源管理阶段、人力资源战略与业务战略握手的业务伙伴关系阶段,已经进入了为公司战略护航、保障有效增长而成为行业领导者的战略人力资源管理阶段。

华为坚持人力资源工作的重心是以业务为导向,一切都是为业务服务的:一方面向上捅破天,熟悉业务,围绕公司发展愿景,通过持续改进绩效来保障实现中长期战略规划（SP）和年度业务规划（BP）,做正确的事以驱动公司商业成功;另一方面向下扎到根,精通专业,基于各业务模块关键绩效目标（KPI）完成情况,持续优化业务流程,不断完善组织、干部、人才这三个创造要素的管理机制,大力加强精神文明和物质文明两个创造驱动力,正确地做事、持续地做事,以支撑公司持续发展。

2017 年 11 月,任正非在《华为人力资源管理纲要 2.0》修订与研讨会上提出:

人力资源不能总是跟着业务屁股后面走,人力资源职员系统不能满足于专业运作，必须了解一线业务实际需求；人力资源主管必须来源于业务领域，来源于一些成功的项目经理、成功的主官。

人力资源主管必须是业务先锋，这样才明白管什么，也才找得到明白人，不然怎么识别人才呢？没有这种业务经验的人力资源人员，要先从一般职员做起，而且不能权力过大，权力在主官手里，他先从做好支撑工作开始。

持续改进绩效驱动商业成功

华为围绕公司发展愿景，通过制订中长期战略规划、年度业务规划，以及各业务模块关键绩效目标，进一步明确发展方向、引导业务经营；对照各业务模块关键绩效目标，通过月度经营分析会不断发现问题，持续改进绩效，确保战略落地执行，驱动实现公司商业成功。

一、华为战略规划

华为战略规划主要包括了更新发展愿景、保证战略集中度、中长期战略规划和年度业务规划四个环节。

（一）更新发展愿景

愿景就是梦想，即努力的方向，华为能够伴随公司的发展而适时更新愿景，以更好地激励员工为了梦想而长期艰苦奋斗。

2013 年 9 月 11 日，任正非在华为常务董事会成员民主生活会上提出："金钱固然重要，但也要相信人内心深处有比金钱更高的目标与追求；尤其是当人们不再一贫如洗的时候，愿景、使命感、成就感能更好地激发人。"

1998 年，华为经过 10 年艰苦创业，成为国内最大通信设备制造企业，将其追求定位为：成为世界级领先企业。该定位在《华为基本法》中有所体现：

第一条　华为的追求是在电子信息领域实现顾客的梦想，并依靠点点滴滴、锲而不舍的艰苦追求，使我们成为世界级领先企业。

2004 年，刚刚走出冬天的华为，首次正式推出了其愿景：丰富人们的沟通和生活。

2004 年 4 月 28 日，任正非在广东省委中心组"广东学习论坛"报告会上提出："华为的愿景就是不断通过自己的存在，来丰富人们的沟通、生活与经济发展，这也是华为作为一个企业存在的社会价值。我们可以达到丰富人们的沟通和生活，也能够不断促进经济的全球化发展。"

2017 年，华为将业务由通信技术（CT）领域拓展到信息通信技术（ICT）领域，将愿景更新为：把数字世界带入每个人、每个家庭、每个组织，构建万物互联的智能世界。

正如 2017 年 11 月 20 日，任正非在公司愿景与使命研讨会上所提倡的：

把一个大的虚拟世界带入到每个人、家庭和组织，就是在构建形成另外一个更大的新的世界、智能的世界，这是一个走向未来的过程，华为就是作为中间的一个桥梁。

带入每个人的就是今天和以后的公众网、智能终端，带入每个家庭的就是今天和以后的家庭网络，带入每个组织的就是企业网络和各种云。万物互联也是把现在和未来连接起来。

（二）保证战略集中度

华为始终坚持力出一孔，保证战略集中度，不断加强向主航道的投入，提高主航道的能力，在主航道上拉开与竞争对手的差距，逐步实现并持续保持了行业领先。

华为创业初期就选择了通信行业，牢记全连接使命，长期坚持管道战略，在大数据传输领域取得了世界领先的地位。

2015 年 8 月 27 日，任正非在华为消费者 BG 年中沟通大会上指出："28 年来我们十几万人，盯住一个城墙口，不断冲锋。近年来，每年投入 1000 多亿元（500 亿元用于研发、500 亿至 600 亿元用于市场服务）继续轰击同一个口子，这种范弗里特密集攻击，终于使我们在大数据传送上，世界领先。"

2010 年，即将成为通信行业领先者的华为，基于人类将走向智能社会的假设，提出并逐步形成了更为宏大的"端管云"战略，极大地拓展了华为的发展空间，支撑起华为的可持续发展。

2017 年 6 月 2 日至 4 日，任正非在公司战略务虚会上提出："智能社会有几个特征：万物感知、万物互联、万物智能。万物感知是传感器组成的'神经网络'，万物智能是超级计算，中间万物互联就是网络连接。我们要去研究'端、管、云'的内核优化，以及边界的相互影响。管道里是否有云，如何理解相互分工？从这个角度出发，来解构华为所在的位置。"

（三）中长期战略规划

中长期战略规划（SP）的任务是确定中长期资源分配的方向和重

点，以保证战略目标的实现。

华为是每年 3 月启动 SP 工作，到 8 月向 BP 输出结束，并逐年滚动更新 SP。华为制订 SP 分为 4 个里程碑节点：

第一，M1——确定战略方向。 分析市场和产业发展趋势，确认业务机会点，确定投资优先级排序。

第二，M2——进行中期检查。 在深入分析备选方案基础上，制订市场线、产品线和职能部门线中长期战略规划，锁定市场线和产品线的战略机会点。

第三，M3——审批业务线 SP。 审批市场线、产品线和职能部门线中长期战略规划，并制订关键举措。

第四，M4——审批公司级 SP。 综合市场线、产品线和职能部门线中长期战略规划，在深入分析基础上审批公司级 SP。

（四）年度业务规划

年度业务规划（BP）是通过战略解码，将公司战略与年度重点工作、各级组织 KPI 和主管 PBC（个人绩效承诺）有效地衔接起来，以确保战略执行的有效落实。华为每年 8 月启动 BP 工作，到次年 1 月锁定各级组织 KPI 与主管 PBC 结束，接下来将开始新一轮的 SP 和 BP 循环。

BP 包括 4 项工作任务：基于中长期战略规划，制订年度业务规划；战略解码导出年度业务重点工作任务；编制年度全面预算和人力资源预算；确定各级组织 KPI、各级主管 PBC。

2019 年 4 月 4 日，任正非签发总裁办电子邮件《消费者 BG 组织治理与监管关系高阶方案（试行）》，邮件指出：

为简化管理，聚焦关键经营结果，消费者 BG 的组织绩效目标聚焦在多产粮食、增加土壤肥力和风险管理方面。消费者 BG 整体组织绩效目标的框架设计如下：

表 1-3　华为消费者 BG 整体组织绩效目标的框架设计

维度	权重	考核项
多产粮食 （当期经营结果）	70%	增长：销售收入
		盈利：贡献利润率
		现金流
增加土壤肥力	30%	质量与用户体验
		消费者市场品牌
		组织能力
风险管理	扣分项	内规按成熟度和重大负向事件，外规按重大负向事件
		存货风险控制

二、华为战略执行

月度经营分析会是华为落实战略执行的主要抓手，用于确认各级组织 KPI 完成情况，持续改进绩效以确保能够实现公司年度经营目标。月度经营分析会包括正视差距、根因分析和行动计划三个步骤。

第一步是正视差距。月度经营分析会的本质是将目标变成结果，故首要任务就是要确认现实与目标之间是否存在差距。如果确认结果没有差距，则可以直接跳过此环节，确认下一阶段目标的可实现性；如果确认结果存在差距，那么正视差距，而不是回避差距就至关重要。因为回避差距就会失去绩效改进的压力和动力；唯有正视差距才有可能认真进行根因分析，针对性制订行动计划，从而逐步缩小直到消除绩效差距，确保年度业务目标的实现。

第二步是根因分析。根因是需要进行深入分析才能发现的，是导致差距存在的根本性原因，而不是一眼就能看到的表层化原因；唯有找到根因，才有可能针对性地制订行动计划，减小直到消除差距。

第三步是行动计划。基于根因分析所获得的信息，制订纠正措施方案和行动计划，确保不仅能够消除当前存在的差距，而且能够在未来杜绝类似情况的再次发生；行动计划的效果必须经得起后续月度经营分析会的检查与验证，以形成持续改进绩效的良性循环。

人力资源管理支撑持续发展

华为通过战略规划确保公司发展方向大致正确、做正确的事，通过月度经营分析会确保战略规划的结果能够得到有效的执行；月度经营分析会发现的战略执行过程中出现的偏差或存在的问题，则需要落实到具体的人力资源管理工作中，通过正确地做事、持续地做事来支撑华为的可持续发展。

一、正确地做事

华为持续变革优化业务流程，并围绕业务流程不断完善组织、干部、人才三个创造要素的管理机制，确保能够采用正确的方法与工具，正确地做事。

（一）优化业务流程

华为认为，企业管理的目标是流程化组织建设，是坚持客户需求导向，提高组织工作效率的根本保证。

在华为，以客户经理、解决方案专家、交付专家组成的面向客户的"铁三角"作战单元，构成了流程化组织的龙头。

在建设流程化组织的过程中，华为持续优化完善支撑客户经理的线索到现金（LTC）、支撑解决方案专家的集成产品开发（IPD）、支撑交付经理的集成供应链（ISC）等业务流程。

LTC 是贯穿投标、合同签订、交付、开票、回款等业务运作的主流程，承载着主要的物流和资金流，为华为由中央集权机制逐步转型为充分授权、分权制衡机制，打造一线呼唤炮火的流程化组织奠定了坚实的基础。

IPD 是华为研发投资与管理流程，其作用是在研发过程中确保产品质量和进度，构筑成本优势，从而满足客户需求，为客户创造价值，使得华为产品开发成功从偶然走向必然。

2016 年 8 月 13 日，任正非在华为 IPD 建设"蓝血十杰"暨优秀 XDT 颁奖大会发表讲话《IPD 的本质是从机会到商业变现》时提出："历经八年，研发 IPD 团队从 2008 年的 3.2 分提高到今天的 3.6 分，这 0.4 分是跨时代的进步。因为 3.5 分以下的 IPD 开发是相对封闭的，封闭在研发内部，没有与相关流程关联，这 0.4 分代表 IPD 与相关流程关联了，做到这样的突破，为公司构筑'万里长城'奠定了坚实的基石。"

通过 ISC 变革，华为建立起全球供应网络，供应质量、成本、柔性和客户响应速度都得到了根本性的改善，有效地支撑了业务的全球大发展。

（二）华为组织变革

在长期人力资源管理实践中，华为确立了客户与战略决定组织的组织管理理念，建立起相对稳定、可持续扩展的组织架构。

一方面，华为组织架构既有能够适应 2B 业务的 ICT 业务组织，又有能够适应 2C 业务的消费者 BG，具有相对独立的自主经营权。

2019 年 4 月 4 日，任正非签发《消费者 BG 组织治理与监管关系高阶方案（试行）》总裁办电子邮件，提出："为促进消费者 BG 进一步抓住业务发展机遇，实现'规模增长'和'效益提升'双赢式的高质快速增长，公司决定在现有运作机制基础上，继续探索与实施以'机关手放开、业务放开手''机关管住钱、业务用好权''钱要体现集团意志、权要听得到炮声'为特征的消费者 BG 相对自主经营、自主管理的业务运营模式。"

另一方面，为了适应从管道战略向"端管云"战略的转变，华为持续进行组织变革，以确保战略的落地执行。

华为管道业务组织的变革情况有：

2011 年，华为成立了运营商业务（CNBG）、企业业务（EBG）；

2014 年，华为将 CNBG 与 EBG 合称为泛网络，致力于经营管道相关业务，并整合成立了网络产品与解决方案业务组织，致力于开发管道类产品与解决方案。

华为终端业务组织的变革情况有：

2011 年，华为成立了消费者业务（CBG）；

2019 年，华为消费者 BG 宣布将实施"1+8+N"全场景战略，极大地丰富了终端类产品与解决方案：1 代表华为手机，8 代表华为旗下平板、TV、音响、眼镜、手表、车机、耳机、PC 等各种终端产品，N 代表移动办公、智能家居、运动健康、影音娱乐及智能出行等延伸产品与解决方案；

2020 年，华为成立了智能汽车解决方案 BU，进一步拓展了终端类产品业务范围，并加强了相应的组织保证。

华为云端业务组织的变革情况有：

2017 年，华为成立云业务单元（Cloud BU），致力于经营公有云业务；

2018 年，华为整合组建了 Cloud & AI BU，致力于开发云端类产品与解决方案；

2020 年，华为将 Cloud & AI BU 升级为 Cloud & AI BG，加大云端类产品资源投入力度，使其成为华为未来业务增长点，支撑华为可持续发展。

（三）华为干部管理

华为基于干部的使命责任，持续完善干部标准要求，不断改进干部管理机制，打造出了一支敢战、善战、打胜仗的干部队伍。

华为明确干部队伍始终是引领组织前行的火车头，需要承担组织业务发展、组织能力建设、传承核心价值观这三个方面的使命与责任。

华为基于干部应承担的使命与责任，形成了清晰、完整的干部标准要求，以牵引干部队伍的自我约束和自我提升。

2018 年 3 月 20 日，《华为人力资源管理纲要 2.0 总纲（公开讨论稿）》提出："干部标准中，遵从公司规则和 BCG 管理等品德要求是底线、认同与践行核心价值观是基础、具有高于同层同类员工绩效的贡献表现是必要条件和分水岭、拥有与岗位相关的业务能力与经验积累是关键成功要素。"

华为在长期的干部管理探索中，逐步建立起了较为完备的干部选拔、干部培养和干部管理机制。

1. 干部选拔程序

华为的干部选拔包括了资格认证、全面考察、任前公示、干部任命、适应期转正、任期考核制等程序，并实施建议权 / 建议否决权、评议权 / 审核权、否决权 / 弹劾权的"三权分立"制衡制度，不断地把合格的干部选出来，把不合格的干部挡住或剔除，始终保持干部队伍的战斗力。

2004 年 4 月 28 日，任正非在广东省委中心组"广东学习论坛"报告会上做专题报告《华为的愿景、使命、价值观》时提出：

在整个干部的选拔程序方面，我们首先要根据任职职位的要求与任职资格标准进行认证，认证的重点在于员工的品德、素质和责任结果完成情况。认证以后我们还要进行 360 度的考察，这 360 度就是主管、下属和周边，然后全面评价干部的任职情况，以成熟的制度来选拔干部，这个成熟的制度包括职位体系、任职资格体系、绩效考核体系、干部的选拔和培养原则、干部的选拔和任用程序，包括我们后面要讲的干部的考核。

在考察干部后还要进行任前公示，使干部处于员工监督之下，每次任命都要公示半个月，半个月之内全体员工都可以提意见。然后我们在每个干部任命之后还有个适应期，安排导师，适应期结束以后，导师和相关部门认为合格了才会转正。另外，我们采取任期制，保证能上能下，完不成目标的要下来。

选拔机制是建立一个"三权分立"的机制，业务部门有提名权，人力资源及干部系统体系有评议权，党委有否决权。

2. 干部培养机制

华为对选拔上岗的干部进行重点培养，有针对性地在经验和能力方面查漏补缺，以加快干部成长的速度，更好地适应华为发展的需要。

一方面，华为认为干部经验的积累应来自工作实践，坚持从有成功实践经验的员工中选拔干部，推动优秀的、有视野的、意志坚强的、品格好的干部，走上"之"字形的成长道路。

另一方面，华为干部能力培养采用训战赋能的模式，坚持实践到理论、理论到实践的循环教育，提升实战能力，加快干部循环成长。

3. 干部管理制度

华为采用的是使用权与管理权相分离的干部管理制度，主要包括干部流动管理、干部任期责任制和干部末位淘汰制三个方面的内容。

第一是干部流动管理，华为大力促进干部按需流动，有序引导优秀干部奔赴新机会，做出新贡献。

第二是干部任期责任制，华为坚持责任结果导向的考核机制，各级干部要实行任期制、目标责任制，述职报告通不过的干部要免职、降职，实行各级负责干部问责制。

第三是干部末位淘汰制，华为坚持干部考核与末位淘汰制度，不仅可以形成挤压、逼迫，产生出来更多的将军；而且能够激活源源不断的干部后备资源，建立起良性循环的新陈代谢机制，充分地激发组织活力。

2004 年 4 月 28 日，任正非在广东省委中心组"广东学习论坛"报告会上做专题报告《华为的愿景、使命、价值观》时提出："中高层管理者年底目标完成率低于 80% 的，正职要降为副职或给予免职；年度各级主管 PBC 完成差的最后 10% 要降职或者调整，同时，不能从本部门提拔副职为正职；业绩不好的团队原则上不能提拔干部；对犯过重大过失的管理者就地免职；被处分的干部一年内不得提拔，更不能跨部门提拔；关键事件过程评价不合格的干部也不得提拔。"

（四）华为人才管理

华为坚持认为努力奋斗的优秀人才是公司价值创造之源，建立并不断改进外部优才汇聚、内部英才辈出的人才需求与获取机制；基于人性的欲望，健全并不断完善尊重人才以激发其雄心、约束人才以遏制其野心的人才管理制度，以建设匹配业务、结构合理、专业精深、富有创造活力的人才队伍。

1. 人才需求与获取规划

为了适应不同业务当前及未来发展的需求，华为持续做好各类人才队伍数量、质量和结构的需求规划，形成了以院校优秀毕业生为主体、业内专才为补充、高端专家为关键的综合人才获取机制，广纳天下英才为其所用。

第一，优秀毕业生为主体。华为坚持每年招聘应届生不少于 5000人，作为人才获取主体，并严把招聘关，保证招聘应届生的质量，避免浪费人力成本。

2015 年 7 月 30 日，任正非在华为战略预备队业务汇报会上说道："公司保持每年招进五六千优秀尖子毕业生，高级干部要亲自去面试，把握住招聘质量。否则招聘进来再淘汰，太浪费人力成本。我们要把尖子生都捞进来，不强调多少级，工资可以有差异化，特别优秀人才的工资可以定高一些。当走到 15 级以后，再逐渐按照公司统一的薪酬框架标准。"

第二，业内专才为补充。华为工作岗位空缺，首先是从内部招聘来补充，只有在一定时间内确实无法获取的人才，才可以考虑社会招聘；华为特别重视研发人员的内部招聘流动，不仅能够促进内部人才的合理流动，而且内部招聘的研发人员熟悉公司业务，能够更快适应工作环境。

2019 年 10 月 23 日，任正非在公司组织变革思路讨论会上提出："研发每年必须输出几千人到市场、供应、生产及其他体系等，才能补充相应的新生力量。这样其他体系的大部分补充人员无需在大学里招聘，可以直接在研发人员中招聘，具有研发基础还更好。"

第三，高端专家为关键。华为成为行业领先者之后，不仅仅在全公司，而且在全国、全世界，选拔具有全球化业务经验及视野的干部，担任高级主管；选拔能洞察市场、洞察技术、洞察客户、洞察国际商业生态环境的人做领袖，以进一步提升人才核心竞争力。

2. 尊重人才以激发雄心

华为通过实施发展机会吸引人才、持续培养开发人才、价值评价激励人才等措施，吸引并激励优秀人才在奋斗中不断自我增值，进而实现公司财务增值的目标。

第一，发展机会吸引人才。创业阶段的华为起点极低，无资本、无背景、无技术、无人才，公司快速的发展为员工提供挑战性的工作机会，成为华为吸引人才的法宝。

一方面，华为的成功实践证明，只有达到和保持高于行业平均的增长速度和行业中主要竞争对手的增长速度，华为才会有更好的经济效益，才能够吸引更多的优秀人才；更多的优秀人才加入华为，在华为有效的人才管理下，就能够创造出更多的财富，能够支撑更多人才的加入，形成良性循环，促进华为的持续发展。另一方面，机会是对优秀人才的最大激励，给予机会也是华为内部优秀人员不断涌现的关键手段。

2018 年 3 月 20 日，《华为人力资源管理纲要 2.0 总纲（公开讨论稿）》指出："机会是对优秀人才的最大激励，给予机会也是公司内优秀人员不断涌现的关键手段。要将公司每一次业务发展、每一波技术进步、每一项管理改进、每一个空缺岗位配备，都视为给予优秀人才持续激励与发展的最好机会。"

第二，持续培养开发人才。华为基于人力资本的增值应大于财务资本增值的理念，将持续的人力资源开发作为实现人力资源增值目标的重要条件，实行在职培训与脱产培训相结合、自我开发与教育开发相结合的开发形式。

第三，价值评价激励人才。华为认为员工无论职位高低，在人格上都是平等的；坚持公平、公正、公开原则对员工进行价值评价和价值分配，是对人才最好的尊重，能够最大限度地激发员工的雄心、发挥出极大的主观能动性，激励员工全力创造价值，在实现员工自身价值的同时，支撑实现华为的商业成功和持续发展。

3. 约束人才以遏制野心

华为不提倡个人英雄主义，鼓励集体奋斗，任何人都不能躺在功劳簿上睡大觉，必须长期艰苦奋斗以支撑华为持续发展。

一方面，华为决不迁就人才，及时撤换能力跟不上公司发展需要的干部，形成了干部能上能下、工作能左能右、人员能进能出、待遇能升能降的"四能"文化。

1998年，任正非在《华为的红旗到底能打多久》一文中指出：

我们要求员工要认真负责，但认真负责不是财富，还必须管理有效。尊重知识、尊重个性，集体奋斗，不迁就有功的员工，是我们可持续发展的内在要素。市场部集体大辞职的壮举，开创了华为内部岗位流动制度化，使职务重整成为可能。因为创业期间他们功劳最大。他们都能能上能下，别人还不能吗？华为容许个人主义的存在，但必须融于集体主义之中。

另一方面，华为始终鼓励集体奋斗，以抑制个人英雄主义的泛滥，遏制过度膨胀的个人野心。

1994 年 12 月 25 日，任正非在《致新员工书》中指出："华为是一个以高技术为起点，着眼于大市场、大系统、大结构的高科技企业。以它的历史使命，它需要所有的员工必须坚持合作，走集体奋斗的道路。没有这一种平台，你的聪明才智是很难发挥并有所成就的。因此，没有责任心、不善于合作、不能集体奋斗的人，等于丧失了在华为进步的机会。"

二、持续地做事

华为大力加强精神文明和物质文明两个创造驱动力，使得组织始终充满活力，确保长期艰苦奋斗、持续地做事。

（一）精神文明建设

华为坚持以精神文明巩固物质文明的方针，积极开展了愿景导向持续奋斗，传承与发扬核心价值观等精神文明建设，形成了集体奋斗的组织氛围，构建了高绩效的组织文化，促进了以物质文明促进精神文明、以精神文明巩固物质文明的良性循环。

1.愿景导向持续奋斗

在业务发展的各阶段，华为能够及时地更新公司发展愿景，从组织发展的意义感、个体创造的价值感、员工成长发展机会等方面，为各级组织与员工指明了努力方向、树立了奋斗目标、提供了成长空间，极大激发了持续奋斗的精神动力。

第一，组织发展的意义感。华为在成长发展过程中，不断赋予组织发展新愿景，以激发组织追求更高、更好目标的原动力。

2017 年 6 月 30 日，华为资深管理顾问田涛在贵州大学"枪林弹雨中成长"讲座上提出："这个组织还必须不断地倡导理想主义精神，这个理想主义精神说到底，就是行业的使命感、国家使命感和人类使命感。我对华为的观感是，三十年来，一边'吹牛'一边战斗，每个阶段都有一个宏大的愿景，但是每一个阶段都预期实现且超过了它的愿景。"

第二，个体创造的价值感。华为通过组织愿景牵引个人工作动机，持续地为员工指明努力方向，树立奋斗目标，极大地激发了员工持续奋斗的精神动力。

第三，员工成长发展机会。华为主动地将组织发展与员工成长机会相联结，以激发员工追求更高、更好目标的原动力。

1998 年，任正非在《华为的红旗到底能打多久》一文中指出：

我们认为企业发展主要牵引动力是机会、人才、技术、产品，这四种力量相互作用，机会牵引人才，人才牵引技术，技术牵引产品，产品牵引更多的机会，这是一个循环。员工在这个成长圈中处于主动位置。要重视对人的研究，让他在集体奋斗的大环境中，去充分释放潜能，更有力、有序地推动公司前进。

2. 传承与发扬核心价值观

一方面，华为各级干部在长期工作实践中的率先垂范、以身作则，引领华为全体员工持续传承与发扬"以客户为中心、以奋斗者为本、长期艰苦奋斗"的核心价值观。

2006 年，任正非在《天道酬勤》一文中提出：

公司高层领导虽然都经历过公司最初的岁月，意志上受到一定的锻炼，但都没有领导和管理大企业的经历，直至今天仍然是战战兢兢、诚惶诚恐的，因为十余年来他们每时每刻都切身感悟到做这样的大企业有多么难。多年来，唯有更多身心的付出，以勤补拙，牺牲与家人团聚的时间、自己的休息和正常的生活，牺牲了平常人都拥有的很多的亲情和友情，销蚀了自己的健康，经历了一次又一次失败的沮丧和受挫的痛苦，承受着常年身心的煎熬，以常人难以想象的艰苦卓绝的努力和毅力，才带领大家走到今天。

18年来，公司高层管理团队夜以继日地工作，有许多高级干部几乎没有什么节假日，24小时不能关手机，随时随地都在处理随时发生的问题。现在，更因为全球化后的时差问题，总是夜里开会。我们没有国际大公司积累了几十年的市场地位、人脉和品牌，没有什么可以依赖，只有比别人更多一点奋斗，只有在别人喝咖啡和休闲的时间努力工作，只有更虔诚对待客户，否则我们怎么能拿到订单？

另一方面，华为持续优化人力资源管理制度，牵引全体员工对核心价值观的遵从，帮助员工养成良好的行为规范和工作习惯。

3. 形成集体奋斗组织氛围

华为在过去30年艰难困苦的发展过程中，凝聚了千万员工的创造智慧与奋斗激情，形成了"胜则举杯相庆、败则拼死相救"的团结协作精神，构建了"力出一孔、利出一孔"的考核与分配机制，巩固了集体奋斗的组织氛围。

一方面，华为是一个以高技术为起点，着眼于大市场、大系统、大结构的高科技企业，为了完成其历史使命，华为需要全体员工团结协作，走集体奋斗的道路。

1995年，任正非在财经采购系统干部就职仪式上发表讲话《励精图治，再创辉煌》时提出：

就公司总体来讲，坚持团结协作和集体奋斗始终是公司发展永恒的主题。

各部门负责人要带头加强对其他部门的主动服务，要搞好团结，提倡民主集中制原则。新老干部要团结，部门之间要团结，部门内部更要团结，要团结一切可以团结的人。不能坚持团队奋斗的人，终将被华为淘汰。

各部门领导人要高瞻远瞩，要有远见卓识，要站在战略高度来统揽全局，我们绝不允许任何官僚主义、本位主义的出现。

另一方面，华为要求组织考核要促进组织协作，形成集体奋斗力量：合理设置组织考核颗粒度，避免作战组织过多关注自身局部目标完成、淡化对全局目标实现的支持；运用周边协同评价机制，引入作战组织评价职能支撑组织的考核方法，促使各级各类组织左右同心、上下同欲。

2018 年 12 月 17 日，华为发布的《合同在代表处审结的试点方向与改革要点（试行）》指出：

为简化管理、聚焦关键经营结果，试点代表处的组织绩效目标聚焦在多产粮食、增加土壤肥力、内外合规三个方面。其中：

（1）多产粮食部分占 50% 至 70% 左右的权重，采用指标计算方式，以牵引关注当期的经营结果。多产粮食部分体现业务规模和盈利要求，具体分为订货、收入、贡献利润（率）、经营性净现金流。

（2）增加土壤肥力部分占 30% 至 50% 左右的权重，采用述职评议方式，以牵引关注长期的可持续发展。增加土壤肥力部分体现客户、长期发展、竞争、组织能力、协同促进等要求，具体分为客户关系与客户满意度、战略山头项目、竞争项目运作、关键人才获取与发展、对他人产出的贡献、利用他人产出更好贡献。

（3）内外合规是代表处业务持续发展的基础，通过述职评议方式，作为扣分项考核。

4. 构建高绩效的组织文化

在长期发展过程中，华为形成了面对挑战敢于亮剑、面对挫折百折不挠、面对成绩自我批判、面对机会永不满足的高绩效组织文化。

第一，面对挑战敢于亮剑。华为在成长发展过程中，曾经面临过无数次挑战，正是凭着无所畏惧、勇往直前的亮剑精神，才能一次次战胜国内外强大的对手，突破国内市场，拓展海外市场而成为行业领先者。

1995 年，任正非在华为市场总部高中级干部就职仪式上发表讲话《英雄好汉站出来》时指出：

市场也是严酷的，这里虽然没有战火纷飞、硝烟弥漫，但这里也是战场，是没有硝烟的战场。在这个战争中，永远不会有第二名。市场竞争的结果只有胜利者与失败者。失败者将得不到任何的同情与怜悯。

但真正的热血儿女、英雄好汉更应该在这样的舞台上站起来。狭路相逢勇者胜。您不是一直渴望着一展身手吗？不是一直盼望着自我实现吗？您勇敢地站出来，这个伟大时代呼唤着特有的英雄骄子。

第二，面对挫折百折不挠。华为在成长发展过程中，也曾经历过一次又一次的挫折，正是凭着坚忍不拔、百折不挠的毅力，才能一次次地走出失败的阴影，不断地走向成功。

2019 年 5 月 20 日，任正非在接受德国一家电视台采访时提出：

我们在忍无可忍的情况下，召开了 400 人的高级干部大会，学习了德国克劳塞维茨的《战争论》。

《战争论》里面有句："什么叫领袖？要在茫茫的黑暗中，把自己的心拿出来燃烧，发出生命的微光，带领队伍走向胜利。战争打到一塌糊涂的时候，将领的作用是什么？就是用自己发出的微光，带领队伍前进。"好，现在该我们把心拿出来，照亮队伍前进，巩固队伍信心。

第三，面对成绩自我批判。华为在不断取得成功的同时，坚持践行自我批判的纠偏机制，确保华为始终走在"以客户为中心"的正确道路上、长期保持艰苦奋斗的精神，支撑华为从胜利走向胜利。

第四，面对机会永不满足。华为认为机会是牵引企业发展的主要动力，正是不断地抓住了机会，华为才实现了从一无所有到三分天下，从积极跟随者到行业领先者的跨越式发展，并立志成为智能社会的使能者和推动者。

2016 年 7 月 12 日，任正非在华为市场年中会议上指出："人类社会要转变成智能社会，这是一个客观规律，谁也无法阻挡，我们要看到人工智能对社会产生的积极正面作用。我们要有战略自信，勇敢地去拥抱挑战。第一个信心就是有机会窗，管道扩大和流量增大创造了巨大机会；第二个信心是我们这支队伍能挑得起来。"

（二）物质文明建设

华为在长期的人力资源管理实践中，逐步形成并持续完善了组织激励来源于获取分享制、个体激励基于以贡献定回报、价值分配的杠杆与导向作用等价值分配机制，开展基于责任贡献的物质文明建设，构成了华为商业成功与持续发展的重要驱动力。

1. 组织激励来源于获取分享制

基于获取分享制，华为逐步建立起并持续完善了业务经营与发展结果决定工资性薪酬包的机制，不仅能够合理地控制人力资源薪酬支出、降低公司的经营风险，而且能够有效地激发组织的活力，导向持续奋斗，支撑起华为的商业成功和持续发展。

一方面，华为价值分配不是采用自上而下进行行业业绩评价和利益分配的逐级分配机制，而是采用获取分享机制，即作战部门根据经营结果获取利益，后台支撑部门通过为作战部门提供服务分享利益，以促使各业务组织将所有努力都聚焦到业务经营与发展上，促进了公司的可持续发展。

2018 年 3 月 20 日，《华为人力资源管理纲要 2.0 总纲（公开讨论稿）》指出：

对于公司成熟业务的获取分享制持续优化。要逐步引入追加奖励、战略奖励等措施，不仅让"多打粮食"的工作得到当期回报，也要让"增加土地肥力"的努力获得合理收益；可适当引入追溯与追索等手段，识别因惯性增长而"搭车收益"现象、纠正为短期收益而业务作假的行为，但追溯与追索要实事求是、基于场景、注意尺度，避免僵化追责而打击干部与员工创造价值的能动性。

建立并强化成长与发展初期业务的获取分享机制。对于成长和发展初期业务，可借鉴优秀实践、结合业务自身特点发展获取分享机制；可合理加大激励机会与资源向成长和新发展业务的一定倾斜，促进优秀干部与员工积极投身成长与发展初期业务，去建功立业。

另一方面，华为基于获取分享制的理念，实施了不同业务组织差异化的薪酬包管理制度。

2. 个体激励基于以贡献定回报

华为持续完善以贡献定回报的个体激励规则，能够更加系统地指导各业务组织在微观上确定员工的工资、奖金和股权等收入，较好地平衡员工的短期收入和长期收入之间的关系，激励员工持续地艰苦奋斗。

首先，薪酬要有市场竞争力。华为在咨询公司的帮助下，建立起了"以岗定级，以级定薪，人岗匹配，易岗易薪"的薪酬管理制度，并在人力资源管理实践中持续改进完善，以不断增强薪酬市场竞争力，吸引优秀人才的加入。

其次，奖金要基于价值创造。华为坚持员工的奖金要基于为公司创造的价值，只有靠奋斗和努力才能得到，进一步强化了员工挣奖金，而不是公司分奖金的获取分享理念。

最后，股权要导向持续奋斗。华为认为股权等长期激励，是对员工已有贡献及可持续贡献的价值分配，需要导向长期艰苦奋斗、形成命运共同体。

1998 年，任正非在《华为的红旗到底能打多久》一文中提出：

公司考虑的是企业的长远利益，是不断提升企业的长期竞争力。员工主要考虑的是短期利益，因为他们不知道将来还会不会在华为工作。解决这个矛盾就是要在长远利益和眼前利益之间找到一个平衡点。

我们实行了员工股份制。员工从当期效益中得到工资、奖金、退休金、医疗保障，从长远投资中得到股份分红。避免了员工的短视。

3. 价值分配的杠杆与导向作用

华为强调发挥价值分配的杠杆与导向作用，激励向创造了更多价值的绩优者和奋斗者倾斜，并逐步拉开分配差距，打破分配的过度平衡，激励员工长期艰苦奋斗，支撑华为的持续发展。

小结

华为能够不断地从成功走向成功的两个基础：一是方向要大致正确，二是组织要充满活力。华为战略人力资源管理的作用就是持续夯实这两个基础。

一方面，华为围绕以客户为中心进行战略规划，逐年滚动更新公司发展愿景、中长期发展规划和年度业务规划，通过月度经营分析会进行自我批判、及时发现偏差并进行纠正，以确保方向大致正确；另一方面，华为持续建设流程化组织，围绕业务流程不断完善组织、干部、人才三个创造要素的管理机制，大力加强精神文明和物质文明两个创造驱动力，践行以奋斗者为本、长期艰苦奋斗的核心价值观，以确保组织始终充满活力。

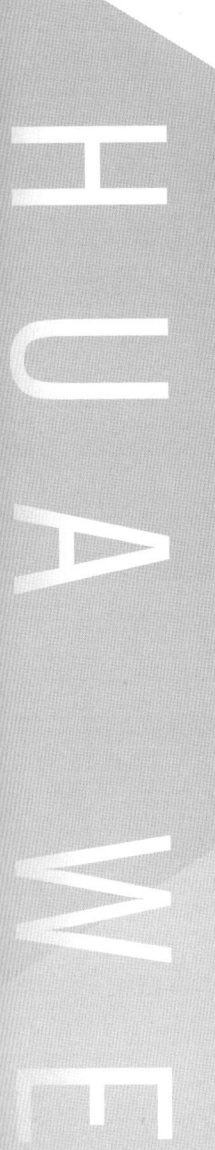

第 2 章

华为人力资源管理的基本出发点

承认劳动是公司价值创造的主体，沿着抑制熵增、导向熵减的方向持续激发劳动者的创造活力，是华为进行人力资源管理的两个出发点，为华为人力资源管理的持续改进奠定了基础，指明了方向，推动着华为的商业成功与持续发展。

第 1 节
劳动是公司价值创造的主体

《华为人力资源管理纲要 2.0 总纲（公开讨论稿）》是这样描述的：

承认劳动是公司价值创造的主体。一切工业产品都是人类智慧创造的。华为没有可以依存的自然资源，唯有在人的头脑中挖掘出大油田、大森林、大煤矿……

这里的劳动不仅包括了传统意义上的体力劳动，也包括知识分子进行的脑力劳动，企业家整合资源、奋力拉动公司前行的管理行为等。公司内各类人员群体都是通过承担应有责任、努力劳动来最终实现对公司价值创造的相应贡献。

华为为何提出劳动所得要高于资本所得？华为从"承认劳动是公司价值创造的主体"出发，合理定位各类劳动者责任，并通过科学管理创造出更大的价值；基于价值创造给予劳动者合理的回报，以激励劳动者长期艰苦奋斗，支撑起了华为商业成功与持续发展，实现了华为发展与劳动者成长的双赢。

科学管理创造价值

华为承认劳动是价值创造的主体，在人力资源管理实践中合理定位各类劳动者在价值创造过程中的责任，使得各类劳动者能够各尽其能，以充分调动各类劳动者工作积极性，在各自的工作岗位上做出相应的贡献，为华为创造出更大的价值。

1998 年，华为发布了《华为基本法》，创造性地更新了价值创造的来源，成为华为持续改进人力资源管理工作的出发点。

（价值创造）

第十六条　我们认为，劳动、知识、企业家和资本创造了公司的全部价值。

劳动的载体是体力劳动者，知识的载体是脑力劳动者，企业家包括了各级管理人员；体力劳动者、脑力劳动者和企业家都是劳动者、华为员工，是为华为创造价值的主体。

华为在人力资源管理实践中，逐步将员工分为管理类、专家类、职员类和作业类四类，以便能够针对各类员工特点采用科学管理方法和建立科学的评价体系。管理类员工即企业家，专家类员工即脑力劳动者，职员类员工和作业类员工均属于体力劳动者。

2016 年 10 月 25 日，任正非在华为作业类员工激励审视汇报会上提出："将来员工应该是分属四类：管理类、专家类、职员类、作业类，机关操作员工叫职员类，生产操作员工叫作业类。职员类和作业类之间的界限不是很清晰，我们要慢慢将一些职员类员工从操作类中剥离出来，操作类也可以再细分。"

为了适应越来越复杂的项目要求，华为逐步将"主管＋士兵"的作战模式，转换为"主官＋职员＋专家＋新兵"的作战模式，通过合理配置各类员工，提高团队整体作战效率。华为创造性地说明了主官与主管的区别，强调主官和专家应对不确定性工作，职员做好确定性工作，而新兵则将带来青春和热血，激发组织活力。

2017 年 4 月 6 日，任正非与华为广州代表处部分员工一起用晚餐时提出：

公司正在转换作战队形，让更多专家和职员成长起来。"主管 + 士兵"作战模式已经不适合我们越来越复杂的项目要求了，将来应该是"主官 + 职员 + 专家 + 新兵"组成主要作战队伍。

职员主要把确定性工作做到最好，主官的责任是盯着战略目标的不确定性，专家要研究应对前进路径的方案与不确定性。什么叫主官？什么叫主管？主官是盯着战略目标，关注胜利，确定性的事已授权。主管是什么都管，（盯着）具体事务。

针对各类员工的职责，华为对不同类别员工提出了不同的要求，以帮助员工正确地进行职业发展规划，使得员工能够各尽其能，在各自工作岗位上为华为创造出更大的价值。

2018 年 10 月 19 日，任正非在华为 2018 年四季度工作会议上提出：

公司人力资源机制正在改革，优化干部晋升制和淘汰制，推行专家循环制和淘汰制，建立稳定的职员体系。所有变革都要谋定而后动，一切向"打仗"靠拢。

第一，优化干部晋升制，坚持淘汰制。在主官、主管类干部管理机制上，我们要加强对责任结果的考核，贯彻淘汰机制；高级干部要服从公司安排，不能自己设计人生；中基层干部允许发挥个人聪明才智，找到自己的突破口；行政干部升官快、拿钱多，但是被淘汰的风险也大。我们的末位淘汰应集中在主官、主管上。

第二，加强专家循环成长。"全科医生"和"专科医生"一定要循环起来，并且通过不断考试、考核和绩效管理来进行筛选，消灭"南郭先生"。对于考试不达标的人员，不一定要淘汰，可以去内部人才市场找工作，转换到其他岗位。专家很光荣，循环淘汰过程中可能也痛苦。

第三，建立清晰、稳定的职员队伍。95%的确定性工作由职员承担，像高铁运行一样保持高速的日常运作。职员对本职岗位充分理解和分析，按照规程和指令来操作，根据工作量大小、差错率等方面来确定职级和待遇；按命令的符合度承担责任，而不是对结果负责，就减少了沟通成本。

职员岗位更多是本地化，没必要实行岗位循环流动；职员可以有岗位津贴、工龄津贴，来解决岗位职级封顶后的问题。职员只实行绝对考核，不实行相对考核。但工作稳定可靠，并且允许工作到六十岁，不一定要年轻化。

给劳动者合理回报

劳动者做出了贡献，创造了价值，理应得到相应的回报，唯有如此才能形成劳动者进一步创造价值的动力，实现价值创造与价值分配的良性循环。华为通过知识资本化的方式，确定了价值分配形式和价值分配原则，并持续进行探索和改进，给予劳动者合理的回报。

《华为基本法》提出：

（知识资本化）

第十七条　我们是用转化为资本这种形式，使劳动、知识以及企业家的管理和风险的累积贡献得到体现和报偿；利用股权的安排，形成公司的中坚力量和保持对公司的有效控制，使公司可持续成长。知识资本化与适应技术和社会变化的有活力的产权制度，是我们不断探索的方向。

我们实行员工持股制度。一方面，普惠认同华为的模范员工，结成公司与员工的利益与命运共同体。另一方面，将不断地使最有责任心与才能的人进入公司的中坚层。

（价值分配形式）

第十八条　华为可分配的价值，主要为组织权力和经济利益；其分配形式是：机会、职权、工资、奖金、安全退休金、医疗保障、股权、红利，以及其他人事待遇。我们实行按劳分配与按资分配相结合的分配方式。

（价值分配原则）

第十九条　效率优先，兼顾公平，可持续发展，是我们价值分配的基本原则。

按劳分配的依据是：能力、责任、贡献和工作态度。按劳分配要充分拉开差距，分配曲线要保持连续和不出现拐点。股权分配的依据是：可持续性贡献、突出才能、品德和所承担的风险。股权分配要向核心层和中坚层倾斜，股权结构要保持动态合理性。按劳分配与按资分配的比例要适当，分配数量和分配比例的增减应以公司的可持续发展为原则。

华为实行的员工持股制度，充分体现了华为"以奋斗者为本"的核心价值观。

1987 年，任正非与 5 位合伙人共同投资成立华为，注册资本 2 万余元，6 位股东均分股份。当华为发展到小有规模时，5 位合伙人通过赔偿都退出去了，华为就变成了任正非一个人的公司。

1990 年起，华为开始实施员工持股制度，任正非把股份逐步分给员工。

2020 年 4 月，任正非接受媒体视频采访时总结说："因为我们公司跟房地产公司等别的公司不一样，我们公司的财富都在每个人的脑袋里面，他的脑袋在创造财富，也可能创造多，也可能创造少，要给脑袋回报，把他创造的财富留些给他。我们科技企业有继承性，不能说昨天创造的劳动，把奖金发给他了，今天我们就可以白用了，不归他而归我们了，所以我们要用股份的方式回报他昨天的劳动。"

华为劳动者价值分配方式中，按资分配的资本投入所得，是回报劳动者的历史贡献，是指虚拟受限股收入；按劳分配的劳动所得，是回报劳动者的当前贡献，包括工资、奖金和福利等收入。

华为认为劳动是价值创造的主体，因此价值分配优先分配给劳动者，让劳动所得与资本所得的比例大致保持在 3:1；这样既能平衡对员工短期激励与长期激励关系，激发劳动者长期奋斗，创造价值；也能平衡老员工与新员工利益关系，避免老员工积累过多股票后变得惰怠。

激励长期艰苦奋斗

华为通过员工持股方式实现知识资本化，将员工的成长与华为的发展更加紧密地联系在一起，激励员工为了共同的利益而长期艰苦奋斗，为华为商业成功和持续发展提供生生不息的动力。

2014 年 5 月 2 日，任正非与英国媒体会谈时总结说："不是我把自己的股权分给了员工，让自己成不了大富翁。而是这么多员工团结奋斗，让公司成功了，大家一起来分享。这些创造者除了分享工资、奖金、福利，还分享了公司股权。传统经济学中不断讲解，股东对未来长期富有信心，他们不谋求短期利益，这是讲义。真实的情况，股东更谋求短期的收益，这就是西方公司后来落后华为的原因。华为把股东、创造者绑在一起，形成长远眼光，不忙于套现，形成了战略力量，造就了华为的今天。"

小结

华为承认劳动是价值创造的主体，合理定位并科学管理各类劳动者，使得各尽其能以最大限度地创造价值；基于价值创造合理地回报劳动者，以激励劳动者长期艰苦奋斗，支撑华为商业成功和持续发展。

承认劳动是公司价值创造的主体，是华为人力资源管理的出发点，为华为人力资源管理的持续改进奠定了坚实基础。

第 2 节
导向开放与熵减，持续激发个体创造活力

《华为人力资源管理纲要 2.0 总纲（公开讨论稿）》是这样描述的："用熵减与开放持续激发个体的创造活力。"

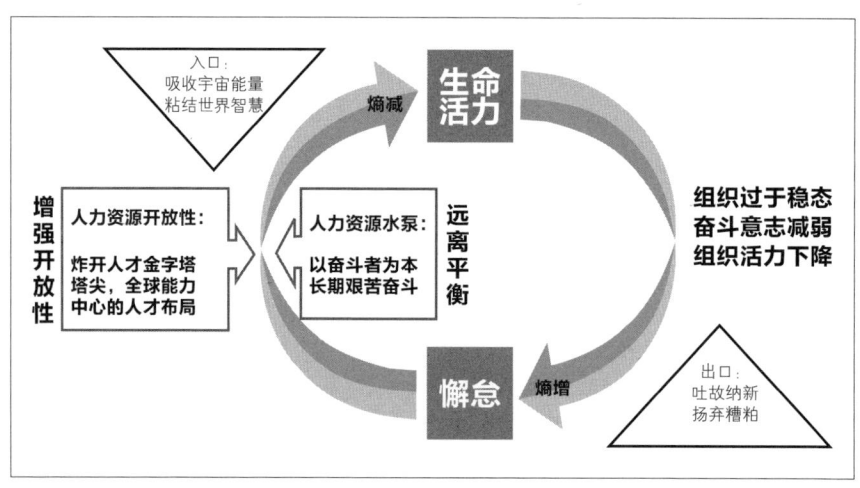

图 2-1　华为活力引擎模型

一方面，员工的生命活力会由于组织过于稳态、奋斗意志减弱、组织活力下降等原因而导致熵增，渐渐进入懈怠状态；另一方面，员工的懈怠又可以借助以奋斗者为本、长期艰苦奋斗等人力资源水泵的动力而远离平衡状态，通过炸开人才金字塔塔尖、全球能力中心的人才布局等方式增强人力资源开放性，重新激发员工的生命活力。

华为创造性地引入熵的概念来解释组织中人力资源的惰怠现象，并

通过人力资源管理实践提出了远离平衡状态、实施开放合作等惰怠解决之道，持续激发员工的创造活力，保证华为商业成功与持续发展。

引入熵的概念

随着企业的成长发展，组织将趋于稳态而活力下降，员工将奋斗意志减弱而陷入惰怠。博学而善于思考的任正非，受到自然科学热力学第二定律的启发，总结出了抑制员工惰怠行为、激发员工活力的管理哲学。

一、员工的惰怠

随着华为的快速发展，早在 2010 年任正非就认识到，除了华为内部的惰怠与腐败，没有什么能够阻挡华为前进的步伐。而惰怠是一种最广泛、最有害的腐败，人人皆有可能为之，能够置公司于死地的就是这种成功以后的惰怠。

2011 年 5 月 10 日，华为轮值董事长徐直军发表了讲话，列举出管理者的 18 种惰怠行为：

1. 安于现状，不思进取；

2. 明哲保身，怕得罪人；

3. 唯上，以领导为核心，不以客户为中心；

4. 推卸责任，遇到问题不找自己的原因，只找周边的原因；

5. 发现问题不找根因，头痛医头脚痛医脚；

6. 只顾部门局部利益没有整体利益；

7. 不敢"淘汰惰怠员工"，不敢拉开差距，搞"平均主义"；

8. 经常抱怨流程有问题，却从来不推动改进；

9. 不敢接受新挑战，不愿意离开舒适区；

10. 不敢为被冤枉的员工说话；

11. 只做二传手，不做过滤器；

12. 热衷于讨论存在的问题，从不去解决问题；

13. 只顾指标不顾目标；

14. 把成绩透支在本任期，把问题留给下一任；

15. 只报喜不报忧，不敢暴露问题；

16. 不开放进取，不主动学习，业务能力下降；

17. 不敢决策，不当责，把责任推给公司；

18. 只对过程负责，不对结果负责。

二、热力学的熵

熵，是一个热力学的概念。有学者提出：

熵的概念由克劳修斯于1854年首次提出。认为在孤立的系统内，分子的热运动总是从原来集中、有序的排列状态趋向分散、混乱的无序状态，系统从有序向无序的自发过程中，熵总是增加的。当熵在一个系统内达到最大时，系统就处于能量平衡状态而呈现出一种静寂状态。

熵的理论告诉我们，有序的系统才是高级的。我们的社会要不断向前发展，实现熵减过程，可以有两个途径：第一，增大负熵流的输入；第二，减小系统自身内不可逆增熵流的增大。

三、熵与企业管理

任正非率先将热力学熵的概念引入企业管理中，以不断激活队伍，杜绝惰怠状态。

2013 年 12 月 30 日，任正非在华为年度干部工作会议上提出："我把'热力学第二定理'从自然科学领域引入到社会科学领域中来，意思就是要拉开差距，由数千中坚力量带动十五万人的队伍滚滚向前。我们要不断激活我们的队伍，防止'熵死'。我们决不允许出现组织'黑洞'，这个黑洞就是惰怠，不能让它吞噬了我们的光和热，吞噬了活力。"

基于熵的概念和热力学理论进行研究，华为 2012 实验室技术思想研究院总结出了在企业管理中能够有效地减小熵增、激发员工活力的两条途径：远离平衡状态和实施开放合作。

一方面，华为通过企业的厚积薄发、人力资源的水泵实现远离平衡的耗散结构特性，使企业逆向做功，让企业从无序混乱转向有序有发展。

另一方面，华为通过企业的开放合作、人力资源的开放，实现耗散结构的开放性，从模型的入口和出口吐故纳新，为企业带来有序发展的外来动能。

远离平衡状态

华为坚持"以奋斗者为本"，基于"基层要有饥饿感，中层要有危机感，高层要有使命感"的理念，对员工进行分层驱动，让员工始终远离安逸享乐的平衡状态，以激发员工生命活力，长期保持艰苦奋斗。

一、基层要有饥饿感

对于基层员工，华为是通过机会牵引和利益驱动来保持饥饿感。平等地给予所有员工上战场立功的机会，鼓励员工通过战场立功的方式来证明自己的能力，从而获得更快的提拔和更多的利益——升官发财，使得基层员工心甘情愿地去迎接挑战，充满活力地艰苦奋斗。

任正非认为，企业的活力除了来自机会的牵引以外，在很大程度上是受利益的驱动。企业的经营机制，说到底就是一种利益的驱动机制。价值分配系统必须合理，使那些真正为企业做出贡献的人才得到合理的回报，企业才能具有持续的活力。

二、中层要有危机感

对于中层管理人员和专家，华为是通过绩效末位淘汰、循环流动赋能等方式来保持危机感——惶者生存，使得他们在"怕失去已有的、想得到更多的"心理驱动下，持续挑战自我，永不懈怠地长期艰苦奋斗。

一方面，华为对各级管理人员和专家实行末位淘汰制；末位淘汰是华为从西点军校学来的，其原理是不管整个队伍如何优秀，都要将绩效排在后面的成员末位淘汰掉，以鞭策后进、鼓励先进，通过挤压的方式使得优秀者更加优秀、产生出更多的优秀管理人员和专家。

2019 年 6 月 18 日，任正非在华为干部管理工作汇报会议上提出：

主官、主管一定实行每年 10% 的末位淘汰，迫使自我学习，科学奋斗。下岗的管理干部一律去内部人才市场重找工作机会。实在需要向下安排岗位的，一定先降到所去岗位的职级，并继续考核不放松。

专家一定通过"以考促训"提高自己的能力，不断地通过循环考核、考试，在实践中做出贡献才给以评价。在循环考核、考试中区别使用，以及合理淘汰。

另一方面，华为建立起了对各级管理人员和专家进行循环赋能的制度；通过循环流动来拓宽视野、丰富经验、完善技能，使得管理人员能够胜任管理规模庞大、高度复杂的业务，专家能够提升跨领域综合能力、解决复杂问题的能力。

2016 年 11 月 30 日，华为战略预备队指导委员会指出："各部门的循环赋能、干部的循环流动千万不能停，停下来就沉淀了，就不可能适应未来新的作战。预备队方式的旋涡越旋越大，把该卷进来的都激活一下。这种流动有利于熵减，使公司不出现超稳态惰性。"

三、高层要有使命感

对于高层管理人员，华为是通过梦想牵引的方式来激发使命感：任正非不断地为华为人设立新的梦想，激励高层管理人员带领全体华为人长期艰苦奋斗、竭尽全力去实现一个又一个的梦想——把不可能变为可能。

目前华为 17 名董事会成员，全部是 1997 年及之前加入华为的创业元老，他们在华为艰苦奋斗均超过 20 年，早就实现了财务自由，达到功成名就的高度，却至今仍然在艰苦奋斗中，这就是梦想的力量。

2013 年 9 月 11 日，任正非在华为常务董事会成员民主生活会上提出："金钱固然重要，但也要相信人内心深处有比金钱更高的目标与追求；尤其是当人们不再一贫如洗的时候，愿景、使命感、成就感能更好地激发人。"

1994 年，在华为刚成立 7 年、年销售收入仅 8 亿元之际，任正非就非常大胆地提出了华为人的梦想："十年之后通信行业三分天下，华为必有其一！"

1998 年，《华为基本法》明确将华为的追求定位为世界级领先企业，"华为的追求是在电子信息领域实现顾客的梦想，并依靠点点滴滴、锲而不舍的艰苦追求，使我们成为世界级领先企业"。

2008 年，华为以 183 亿美元的销售收入，在全球通信设备市场上超越了阿朗（阿尔卡特与朗讯合并）、北电、摩托罗拉，与爱立信、诺西（诺基亚与西门子合并）三分天下，华为用 14 年时间实现了三分天下的梦想，成为世界级领先企业。

华为实现了三分天下的梦想之后，有一个高管对任正非说："老板，我现在很迷茫，十多年前你蛊惑我们说，十年后三分天下我们有其一；现在我们已经做到了，下一步我们的目标是什么？"

这句话对任正非刺激很深，2011 年 1 月 17 日，任正非在华为市场大会上首次提出华为新的梦想——超越美国，激励华为人朝着新的梦想而不懈奋斗。"在通信行业上我们要追赶、超过他们，我们在信息领域上为什么不能全面超越美国呢？我们提出了新的历史使命，在信息领域里与美国公司正面竞争。"

实施开放合作

为了打造具备全球竞争力的人才要素，华为主动打破组织边界，超越工卡文化，开放合作地建设人才队伍；持续拓展为我所有、为我所用、为我所知的多样化人才来源，构建全球能力组合、提升华为核心竞争力。

2017 年 8 月 26 日，任正非在华为全球能力布局汇报会上指出："在全球能力中心布局思路上，胆子要大一些。你们提的'开放创新，不盲目追求为我所有，多层次构建为我所知、为我所用、为我所有的能力组合'的口号非常好。"

一、人才为我所有

《华为基本法》提出："人力资源管理的基本目的，是建立一支宏大的高素质、高境界和高度团结的队伍，以及创造一种自我激励、自我约束和促进优秀人才脱颖而出的机制，为公司的快速成长和高效运作提供保障。"

2014 年，华为基于不同人才在公司战略实现过程中的不同价值定位，按所承担的责任性质进行人才分类，按所承担的责任重要性进行人才分层，初步构建起种类齐全、高中低搭配合理、相对稳定的人才金字塔结构，为华为快速成长为世界级领先企业提供了有力支撑。

为了适应成为世界级领先企业后的持续发展，华为进一步加强应届生人才梯队建设，完善了员工自然淘汰与合理流动的人才循环机制，炸开金字塔塔尖，引进技术天才和商业领袖，以持续优化人才金字塔结构，不断激发个体活力。

（一）应届生人才梯队

华为坚持每年招聘应届生不少于 5000 人，让新进应届生在实战中不断成长，保证了华为人才梯队的连续性，源源不断地为华为人才金字塔提供优质新鲜的血液。

2016 年 1 月 13 日，任正非在华为市场工作大会上提出："我们要坚持每年从应届生中招收 5000 至 6000 人的新生力量，不让我们的作战梯队有断代的问题。'蓬生麻中，不扶自直'，80 后、90 后是有希望的一代，'蚊子龙卷风''牵手''被绑匪树立的楷模'……不是一代将星在闪烁吗？"[①]

（二）员工淘汰与流动

为了使员工始终保持活力、长期艰苦奋斗，早在 1995 年任正非就提出华为员工必须按照一定比例自然淘汰与合理流动，以不断提升人才团队整体素质，激发员工个体活力，不断夯实人才金字塔的主体结构。

1995 年 12 月 26 日，任正非在华为年度总结大会上说道：

历史把我们推到一个不进则退、不进则亡的处境。我们只有坚定不移地向国际著名公司看齐，努力实现全面接轨，否则随时都有破产的危险。

山羊为了不被狮子吃掉，必须跑得比狮子快；狮子为了不饿肚子，必须比山羊跑得快。各个部门、各个环节都必须优化自己，将懒羊、不学习上进的羊、没有责任心的羊吃掉。不愿意重新分配工作的员工，可以劝退，劝退的员工要注意他们的合理利益。每年华为要保持 5% 的自

---

① "蚊子龙卷风""牵手""被绑匪树立的楷模"等是《华为系列故事：枪林弹雨中成长》一书中所记录的、年轻的华为人在拓荒海外市场过程中，面临疟疾、被打劫和战乱的干扰与威胁时艰苦奋斗的故事。

然淘汰率与 10% 的合理流动率。哪一个部门的人员凝固了，就说明哪一个部门的领导僵化了。

2013 年，华为通过战略预备队形式，进一步完善了员工循环流动机制、持续激发员工活力。

2013 年 12 月 30 日，任正非在华为年度干部工作会议上提出：

公司要逐步通过重装旅、重大项目部、项目管理资源池这些战略预备队，来促进在项目运行中进行组织、人才、技术、管理方法及经验的循环流动。从项目的实现中寻找更多的优秀干部、专家，来带领公司的循环进步。

要让人人明白希望在自己手里，努力终会有结果，是金子终会发光的。不埋怨，不怀念，努力前行。

（三）全球化人才引进

2014 年起，已经成为全球领先、开始进入无人区的华为，不仅仅在全公司，而且在全社会、全球，选拔具有全球化业务经验及视野的干部，担任高级主管；选拔能洞察市场、技术、客户和国际商业生态环境的人做领袖，以进一步提升人才核心竞争力。

一方面，华为加强优秀人才的引进，在世界范围内广泛招聘优秀科学家、高级专家、少年天才，融入华为的"血液"里，坚定不移地做到向下扎到根、向上捅破天；另一方面，华为把战略能力中心建到战略资源聚集地区，更好地汇聚当地的人才，加快人才全球布局，辐射管理全球业务。

2019 年 1 月 17 日，任正非在华为总部接受中国多家媒体联合采访时提出："今天大家看到华为有很多成功之处，其实成功很重要的一点是（有）外国科学家，因为华为工资高于西方公司，所以很多科学家都在华为工作。我们有700名数学家、800多名物理学家、120多名化学家、六七千名基础研究的专家、6万多名各种高级工程师、工程师……形成这种组合在前进。"

二、人才为我所用

在人才团队建设上，华为并不是一味狭隘地强调人才为我所有，而是从实用主义的角度出发，注重结果导向，人才为我所用即可，创造性地将"众筹、快闪"等新概念应用到人才使用上，更加开放、灵活地利用"传帮带"机制，取得了良好的效果。

2016年10月26日，任正非在华为运营商"三朵云"①2.0阶段进展汇报会上提出：

形成"众筹、快闪"和"传帮带"机制，让专家在最佳时间、最佳角色，发挥最佳贡献，并将专家能力工具化、云化、微服务化。

一个科学家为什么要献出一生给华为？他只要把最佳时间、最佳角色、最佳贡献带到华为来就行，可能三五年做完，他就走了。但在这三五年里，我们给他股票、奖金等利益，同时把他的经验沉淀下来。你们要从"三朵云"到"三朵"云，将专家能力工具化、云化，最后再微服务化。这就是"众筹、快闪"。

另外，我们可以请退休的业界Fellow形成专家顾问组，就跟美军顾问组一样，然后让他们飞去非洲，和我们年轻的战士融合起来，产生

---

① 华为"三朵云"，是指建设数据中心互联的全球体验中心"体验云"、建设知识管理平台的"知识云"、建设战略沙盘的"客户方案云"。

碰撞，产生火花，点燃未来的将军，这就是"传帮带"。

三、人才为我所知

华为不仅注重人才为我所有、人才为我所用，同时还放眼全球，强调人才为我所知，聚焦华为战略主航道，以开放的心态与一切同方向的科学家合作，及时感知行业发展方向，以避免方向性战略误判带来的巨大风险。让黑天鹅在华为的咖啡杯中飞起来，让华为自己颠覆自己，而不是让别人来颠覆华为。

2016 年 5 月 28 日，任正非在全国科技创新大会上发表讲话时提出："华为过去是一个封闭的人才金字塔结构，我们已炸开金字塔塔尖，开放地吸取'宇宙'能量，要加强与全世界科学家的对话与合作，支持同方向的科学家的研究，积极地参加各种国际产业与标准组织，各种学术讨论，多与能人喝喝咖啡，从思想的火花中，感知发展方向。巨大的势能的积累、释放，才有厚积薄发。"

┌ 小结 ┐

华为率先将热力学熵的概念引入到企业管理中：

对内积极营造"基层要有饥饿感、中层要有危机感、高层要有使命感"的工作氛围，使得各类、各级员工始终远离平衡状态，长期保持艰苦奋斗。

对外开放合作，探索实践并不断完善"人才为我所有、人才为我所用、人才为我所知"的人才观，充分激发人才活力，保持最佳工作状态。

HUAWEI

华为在成长发展过程中，逐步形成并坚持践行"以客户为中心、以奋斗者为本、长期艰苦奋斗"的核心价值观；长期坚持自我批判则是华为的纠偏机制，能够确保各级组织和员工个体始终践行核心价值观；在发展过程中形成良性的价值链管理循环，构成了华为人力资源管理最为坚实的基础，确保实现华为商业成功与持续发展。

第 1 节
构筑公司核心价值观底座

《华为人力资源管理纲要 2.0 总纲（公开讨论稿）》是这样描述的：

资源是会枯竭的，唯有文化才会生生不息。

以客户为中心：为客户服务是华为存在的唯一理由，我们一切行为都归结为客户提供及时、准确、优质、低运作成本的服务。

以奋斗者为本：奋斗者必将得到回报。

长期艰苦奋斗：繁荣以后不再艰苦奋斗，就必然丢失繁荣；坚持思想上的艰苦奋斗。

核心价值观是企业的终极信念，是企业在处理内外矛盾时所依据的标准，也是企业员工必须遵循的行为准则；企业核心价值观的作用在于，明确告诉员工企业提倡什么和反对什么，从而引导规范员工行为，支撑企业持续发展。

在努力谋求生存、奋力牵引发展的过程中，华为经过长期探索，最终确立了"以客户为中心""以奋斗者为本""长期艰苦奋斗"的核心价值观。"以客户为中心"，既是华为人奋斗的方向，也是利出一孔的来源；"以奋斗者为本"，既是华为人奋斗的动力，也是力出一孔的保证；"长期艰苦奋斗"，既是以客户为中心的要求，也是以奋斗者为本的结果。

以客户为中心

在成长与发展过程中，华为逐步认识到"以客户为中心"的重要性：为客户服务是华为存在的唯一理由；坚持践行"以客户为中心"，竭力为客户提供及时、准确、优质、低运作成本的服务，是华为商业的成功之道。

2016年2月23日，任正非在西班牙巴塞罗那世界移动大会上提出："有人问我们，华为的商道是什么？我们就没有商道，我们就是'以客户为中心'，就要让客户高兴，把钱给我。"

一、认识"以客户为中心"

人的本性是以自我为中心，华为能够认识到为客户服务是华为存在的唯一理由，形成"以客户为中心"的核心价值观也不是一帆风顺的。早期的华为并没有树立起牢固的客户意识，而是在生存危机的逼迫之下，华为才不得不由"以自我为中心"转向"以客户为中心"。

（一）以自我为中心

1998年，《华为基本法》发布，描述华为核心价值观部分的内容合计7条，共673个字：

"顾客"仅出现了2次，"华为的追求是在电子信息领域实现顾客的梦想""华为主张在顾客、员工与合作者之间结成利益共同体"；

"我们"则出现了9次，"使我们成为世界级领先企业""我们将永不进入信息服务业""我们坚持以精神文明促进物质文明的方针"……

显然成立之初的华为，是以自我为中心，而不是"以客户为中心"。

（二）初识"为客户服务"

2004 年，经过冷静而理性的思考，任正非终于认识到：为客户服务是华为存在的唯一理由，客户需求是华为发展的原动力；"以客户为中心"的内涵则是质量好、服务好、运作成本低，优先满足客户需求。

2004 年 4 月 28 日，任正非在广东省委中心组"广东学习论坛"报告会上做专题报告《华为的愿景、使命、价值观》时提出：

华为的核心价值观蕴涵着华为的愿景、使命和战略。

华为的愿景是丰富人们的沟通和生活。

使命是聚焦客户关注的挑战和压力，提供有竞争力的通信解决方案和服务，持续为客户创造最大价值。

战略是四个方面：

1. 为客户服务是华为存在的唯一理由，客户需求是华为发展的原动力；

2. 质量好、服务好、运作成本低，优先满足客户需求，提升客户竞争力和盈利能力；

3. 持续管理变革，实现高效的流程化运作，确保端到端的优质交付；

4. 友商既是竞争对手，也是合作伙伴，与友商共同发展，共同创造良好的生存空间，共享价值链的利益。

（三）对华为成长的感慨

2008 年，历经波折的华为终于确立了"以客户为中心"的核心价值观，任正非不无感慨地总结说：

二十年来，我们由于生存压力，在工作中自觉不自觉地建立了"以客户为中心"的价值观。应客户的需求开发一些产品，如接入服务器、商业网、校园网，因为那时客户需要一些独特的业务来提升他们的竞争力。不以客户需求为中心，他们就不买我们小公司的货，我们就无米下锅。我们被迫接近了真理，但我们并没有真正认识它的重要性，没有认识它是唯一的原则，因而对真理的追求是不坚定的、漂移的。

在90年代后期，公司摆脱困境后，自我价值开始膨胀，曾"以自我为中心"过。我们那时常常对客户说，他们应该做什么、不做什么，我们有什么好东西，他们应该怎么用。例如，在NGN的推介过程中，我们曾以自己的技术路标，反复去说服运营商，而听不进运营商的需求，最后导致在中国选型，我们被淘汰出局，连一次试验机会都不给。历经千难万苦，我们请求以坂田的基地为试验局的要求，都苦苦不得批准。

我们知道我们错了，我们从自我批判中整改，大力倡导"从泥坑中爬起来的人就是圣人"的自我批判文化。我们聚集了优势资源，争分夺秒地追赶。我们赶上来了，现在软交换占世界市场40%，为世界第一。

（四）为价值客户服务

2014年起，针对部分员工过度满足客户需求的倾向，华为开始强调，"以客户为中心"并不是要无条件地满足部分客户不合理的要求；而是要为有价值的客户提供优质服务，通过为客户创造价值的手段，达到实现华为商业成功的目的。

2015年1月16日，任正非在华为年度市场工作会议上提出：

商业活动的基本规律是等价交换，如果我们能够为客户提供及时、准确、优质、低成本的服务，我们也必然获取合理的回报，这些回报有些表现为当期商业利益，有些表现为中长期商业利益，但最终都必须体现在公司的收入、利润、现金流等经营结果上。

那些持续亏损的商业活动，是偏离和曲解了"以客户为中心"的。

二、践行"以客户为中心"

人的本性是以自我为中心，企业中大多数员工是短视而缺乏远见的，趋向追求自身的短期利益而忽视企业的长期利益，使得企业内部有一种自发偏离以客户为中心的趋势：以股东为中心的追求利润最大化，以领导为中心的唯上论，以技术为中心的自我成就感等。

践行"以客户为中心"是对人性的巨大挑战，特别是当企业规模越来越庞大，远离客户而感受不到市场竞争和客户需求压力的时候，企业发展越来越成功，导致竞争和生存压力减弱的时候，这种挑战将变得越来越巨大。

华为的成长发展史就是一部不断挑战"以自我为中心"的人性、坚持践行"以客户为中心"核心价值观的历史；华为之所以能够在企业规模越来越大、发展越来越成功的同时，始终坚持践行"以客户为中心"，得益于坚定不移地进行流程化组织建设、做厚"铁三角"客户界面、推进"一线呼唤炮火"的组织变革等措施。

（一）流程化组织建设

2003 年，华为确定了产品发展的路标是客户需求导向，企业管理的目标是流程化组织建设，明确将技术导向战略转为客户需求导向战略，并通过推进集成产品开发（IPD）、集成供应链（ISC）等流程变革，来持续强化客户需求导向意识，规范客户需求导向行为。

2003 年 5 月 25 日，《管理优化报》刊登了任正非的文章《在理性与平实中存活》，文章指出：

现在我们一定要搞清楚客户需求才是我们产品发展导向。我们发展企业的目的是什么？就是为客户服务。为什么要为客户服务？只有客户给我们钱，因此对客户要最好。因此，产品的技术导向是充分满足客户需求。

为什么我要认真推 IPD 和 ISC？就是在摆脱企业对个人的依赖，使要做的事，从输入到输出，直接端到端，简洁并控制有效地连通，尽可能地减少层级，使成本最低，效率最高。就这么简单一句话。

要把可以规范化的管理都变成扳铁路岔道，使岗位操作标准化、制度化。就像一条龙一样，不管如何舞动，其身躯内部所有关节的相互关系都不会改变，龙头就如同 Marketing，它不断地追寻客户需求，身体随龙头不断摆动，因为身体内部所有的相互关系都不变化，使得管理简单、成本低。

（二）"铁三角"作战单元

2009 年，华为在实践中总结提炼出了面向客户的"铁三角"作战单元经验，通过做厚客户界面，能够更加深刻地理解客户需求，更加全面地满足客户需求。

2009 年 1 月 16 日，任正非在华为销服体系奋斗颁奖大会上提出：

我们从"以技术为中心"向"以客户为中心"的转移过程中，如何调整好组织，始终是一个很难的题目，刚开始我的认识也是有局限性的。

这次访问利比亚时，听取了北非地区部的汇报，有了一些启发。北非地区部努力做厚客户界面，以客户经理、解决方案专家、交付专家组成的工作小组，形成面向客户的"铁三角"作战单元，有效地提升了客户的信任，较深地理解了客户需求，关注良好有效的交付和及时的回款。

客户经理要加强营销四要素（客户关系、解决方案、融资和回款条件、交付）的综合能力，要提高做生意的能力。

解决方案专家要一专多能，对自己不熟悉的专业领域要打通求助的渠道。

交付专家要具备能与客户沟通清楚工程与服务的解决方案的能力，同时对后台的可承诺能力和交付流程的各个环节了如指掌。

（三）推进实施组织变革

2014 年，华为基于"客户与战略决定组织"的组织管理理念，明确了"一线呼唤炮火、机关支撑服务"的管理要求，提出了"班长战争"的运作构想，大力推进机关作战权力逐步下沉，促使公司经营重心前移的组织变革，以更好地践行"以客户为中心"核心价值观。

2014 年 9 月 23 日，任正非在"班长的战争"对华为的启示和挑战汇报会上表示：

"班长的战争"不是班长一个人的战争，其核心是在组织和系统支持下实现任务式指挥，是一种组织的整体性改变。"班长的战争"灵活、轻便和高效的组织运作，其核心是在组织和系统支持下的任务式指挥，实现一线呼唤炮火。

任务式指挥是通过授权和指导，支持敏捷且适应力强的下级指挥官在意图范围内发挥有纪律意识的主动性，用自己的方式最有效地实现上级指挥官的意图。实现任务式指挥，需要组织整体的改变，不是班长一个人的战争，而是需要在责任、权力、组织、资源、能力、流程和信息系统等多个组织管理要素上的支撑。

在责任分工方面，将战术指挥重心下沉一线，高层和机关聚焦战略制订、方向把握及资源调配。

在权力授予方面，行政管理和作战指挥权力分离，基于清晰的授权规则和下属的任务准备度进行合理授权。

在组织配置方面，根据作战需要，模块化地剪裁和调整一线组织。

在资源布局方面，战术资源贴近一线作战部队，战略资源集中布局，快速有效响应。

在能力建设方面，以战略要求为主线，开展综合性能力建设。

在流程运作方面，作战流程面对复杂多变、不确定的环境，聚焦作战能力的实现，行政管理流程则严谨全面。

在信息系统支撑上，构建互通的信息环境，使各级指挥官在任何时间或地点都能获取到完成任务需要的信息，对作战环境形成共同的理解。

"班长的战争"最后指挥权和决策权应该在区域，BG 作为资源中心协助作战，战略预备队作为机动部队协助作战。

以奋斗者为本

1987 年成立的华为起点极低，无资本、无背景、无技术、无人才，任正非自称不懂技术、不懂财务、不懂管理，唯有坚持以奋斗者为本，才有可能团结华为员工努力冲锋，实现华为的商业成功与持续发展。

任正非于 2011 年 12 月发表《一江春水向东流》一文时提出："在时代前面，我越来越不懂技术，越来越不懂财务，半懂不懂管理，如果不能民主地善待团体，充分发挥各路英雄的作用，我将一事无成。"

一、认识"以奋斗者为本"

华为"以奋斗者为本"核心价值观的形成，有一个从朦胧到越来越清晰的过程。

（一）合理分配价值

1998 年，《华为基本法》发布，认为劳动、知识、企业家和资本创造了公司的全部价值，并应遵循价值规律进行价值评价和价值分配，这是华为以奋斗者为本核心价值观的源头。

《华为基本法》提出：

（价值创造）

第十六条　我们认为，劳动、知识、企业家和资本创造了公司的全部价值。

……

（价值分配的合理性）

第二十条　我们遵循价值规律，坚持实事求是，在公司内部引入外部市场压力和公平竞争机制，建立公正客观的价值评价体系并不断改进，以使价值分配制度基本合理。

（二）确定"以奋斗者为本"的文化

2008 年，华为确定了"以客户为中心，以奋斗者为本"的企业文化，并尝试说明什么是奋斗、为什么要奋斗、如何以奋斗者为本，以进一步统一思想，更好地践行"以奋斗者为本"的企业文化。

2008 年 7 月 15 日，任正非在华为市场部年中大会上指出：

我们在经历长期艰难曲折的历程中，悟出了"以客户为中心，以奋斗者为本"的文化，这是我们一切工作的魂。我们要深刻地认识它，理解它。

什么叫奋斗？为客户创造价值的任何微小活动，以及在劳动的准备过程（例如上学、学徒）中，为充实提高自己而做的努力，均叫奋斗；否则，再苦再累也不叫奋斗。

企业的目的十分明确，是使自己具有竞争力，能赢得客户的信任，在市场上能存活下来。要为客户服好务，就要选拔优秀的员工，而且这些优秀员工必须要奋斗；要使奋斗可以持续发展，必须使奋斗者得到合理的回报，并保持长期的健康。

（三）澄清"以奋斗者为本"

2013 年，华为进一步澄清了"以奋斗者为本"与"以人为本"的区别：坚持以奋斗者为本，以团结有意愿、有能力、能干成事的员工，而不是为了团结而团结；对于不想干事、不能干事的员工，继续实施不胜任调整及淘汰，才能支撑华为商业成功与持续发展。

2013 年 7 月 23 日，任正非在华为重装旅集训营座谈会上强调：

别的公司是"以人为本"，我们是"以奋斗者为本"。我们不通过垄断，扩大市场是靠战斗抢回来的，所以我们分给的是奋斗者。

我们的政策是开放的，只有团结越来越多的人，才会做越来越大的饼。只要你努力，分到的饼只会增大不会减小，不会因为别人进来两个月，就把你的饼抢走了。我们如果是这样的开放心态，还会做强！

二、践行"以奋斗者为本"

华为自成立以来，甚至是在"以奋斗者为本"的企业文化成型之前，就已经自觉不自觉地践行着"以奋斗者为本"的企业文化，并一直坚持下来，持续改进完善。

（一）员工持股制度

1990 年起，华为开始实施员工持股制度，任正非把股份逐步分给员工。

任正非于 2011 年 12 月发表《一江春水向东流》一文时提出：

我创建公司时设计了员工持股制度，通过利益分享，团结起员工，那时我还不懂期权制度，更不知道西方在这方面很发达，有多种形式的激励机制。仅凭自己过去的人生挫折，感悟到与员工分担责任，分享利益。

创业之初我与我父亲相商过这种做法，结果得到他的大力支持，他在 30 年代学过经济学。这种无意中插的花，竟然今天开放到如此鲜艳，成就华为的大事业。

（二）合理回报奋斗者

2008 年，华为明确"以奋斗者为本"只有落实到考核上，给奋斗者合理的回报、足够的关怀、良好的沟通，才能逐步建立起"以奋斗者为本"的文化体系。

2008 年 5 月 31 日，任正非在华为无线产品线奋斗大会上提出：

我们要给奋斗者合理的回报、足够的关怀、良好的沟通，也要接受他们的批评。我们要逐步建立起"以奋斗者为本"的文化体系，并使这个文化血脉相传。

这个文化不是在大喊大叫中建立起来的，它要落实到若干考核细节中去，只要每个环节的制度制定者，每天抬头看一眼奋斗，校正一下我们的任何动作和决策是否能为客户有贡献，三五年时间，也许就会有初步的轮廓。

（三）识别有成效奋斗者

2011年，任正非和华为高层管理人员经过充分讨论达成共识：将华为员工划分为普通劳动者、一般奋斗者和有成效的奋斗者这三类；践行"以奋斗者为本"的关键在于如何在实际工作中识别奋斗者，让优秀的奋斗者能够按照他们的贡献，获得更多的配股机会、更多的物质利益，以吸引更多的员工成为有成效的奋斗者。

2011年4月14日，华为举办如何与奋斗者分享利益的座谈会，任正非在会上表示：

我对人力资源对象的政策理解分成三类：

第一类为普通劳动者，暂时定义为12级及以下为普通劳动者，这些人应该按法律相关的报酬条款，保护他们的利益，并根据公司经营情况，给他们稍微好一点的报酬，这是对普通劳动者的关怀；

第二类为一般的奋斗者，我们要允许一部分人不是积极的奋斗者，他们想小家庭多温暖啊，想每天按时回家点上蜡烛吃饭呀，对这种人可以给以理解，也是人的正常需要；

第三类就是有成效的奋斗者，他们要分享公司的剩余价值，我们需要这些人，分享剩余价值的方式，就是奖金与股票，这些人是我们事业的中坚，我们渴望越来越多的人走进这个队伍。

长期艰苦奋斗

不难理解，华为同所有创业型企业一样，是通过艰苦奋斗走向成功的，难能可贵的是，华为在不断取得成功、成为世界级领先企业之后，还依然能够保持艰苦奋斗的作风。

一、认识长期艰苦奋斗

华为对长期艰苦奋斗，特别是在思想上长期艰苦奋斗，自始至终保持着非常清醒的认识。

（一）繁荣需要奋斗

1996 年，华为就已经认识到成功并不是引导走向未来的可靠向导，只有在思想上长期艰苦奋斗，华为才不会在短暂的繁荣之后走向灭亡。

1996 年 6 月 30 日，任正非在华为市场庆功及科研成果表彰大会上发表讲话《再论反骄破满，在思想上艰苦奋斗》时提出：

繁荣的背后都充满着危机。这个危机不是繁荣本身的必然特性，而是处在繁荣包围中的人的意识。

艰苦奋斗必然带来繁荣，繁荣以后不再艰苦奋斗，必然丢失繁荣。"千古兴亡多少事，悠悠，不尽长江滚滚流。"

（二）华为奋斗文化

2006 年，华为再次强调必须长期坚持艰苦奋斗，因为艰苦奋斗是华为文化的魂，是华为文化的主旋律，任何时候都不能动摇华为的奋斗文化。

任正非于 2006 年发表《天道酬勤》一文时提出：

我们还必须长期坚持艰苦奋斗，否则就会走向消亡。当然，奋斗更重要的是思想上的艰苦奋斗，时刻保持危机感，面对成绩保持清醒头脑，不骄不躁。

艰苦奋斗是华为文化的魂，是华为文化的主旋律，我们任何时候都不能因为外界的误解或质疑动摇我们的奋斗文化，我们任何时候都不能因为华为的发展壮大而丢掉了我们的根本——艰苦奋斗。

二、践行长期艰苦奋斗

华为人能够长期坚持艰苦奋斗，除了任正非等高层管理人员以身作则、言传身教的带头作用外，华为还通过愿景牵引、危机驱动来激励员工长期艰苦奋斗。

（一）带头践行奋斗

直到今天，已经年过古稀的任正非，依然在用自己的实际行动来践行奋斗文化，以鼓励华为员工长期艰苦奋斗。

2017 年 2 月 15 日至 16 日，任正非在泰国与地区部负责人、在尼泊尔与员工举行会谈时表示："我承诺，只要我还飞得动，就会到艰苦地区来看你们，到战乱、瘟疫地区来陪你们。我若贪生怕死，何来让你们去英勇奋斗？"

（二）愿景牵引奋斗

华为不断赋予组织发展新愿景，用组织愿景来牵引员工工作动机，激发员工为追求更高、更好的目标而坚持长期艰苦奋斗。

1994 年，任正非首次大胆提出了华为人的梦想为"十年之后通信行业三分天下，华为必有其一"；

2011 年 1 月 17 日，任正非在华为市场大会上首次提出华为新的梦想——超越美国，激励华为人朝着新的梦想而不懈奋斗；

2013 年，华为总结肯定了确立愿景、明确目标和追求，能够提供员工长期艰苦奋斗的动力源。

2013 年 9 月 11 日，任正非在华为常务董事会成员民主生活会上提出：

1. 建立共同愿景是团队建设的核心要素。公司现在面对的员工群体已经与创业早期有很大的不同，老员工通过多年的奋斗已经基本上实现了财务自由，大部分新员工的家境也不像二十年前的新员工那么贫寒，单纯依靠物质激励的效果有限。要通过确立公司愿景，明确目标和追求，用共同愿景来凝聚员工并激发员工持续艰苦奋斗的原动力。

2. 各级组织与团队要基于自身的使命和责任，承接公司愿景和目标。各级主管要善于与员工就公司、部门的发展前景展开沟通，积极营造责任结果导向、开放进取、富有活力的氛围，给他们提供更多的成长机会，以事业发展来牵引员工长期共同奋斗。

（三）危机驱动奋斗

华为成长发展史就是一部不断地面对危机、激励员工长期艰苦奋斗而转危为机的历史。

2000 年，华为战略性地错过了曾经风靡一时的小灵通，豪赌 3G 技术却迟迟没有结果。当时，华为濒临崩溃的边缘，被迫拓展海外市场，以求得生存与发展。

2001 年 1 月 18 日，《华为人》刊登了任正非在华为欢送海外将士出征大会上的演讲稿《雄赳赳、气昂昂，跨过太平洋》，文章提出：

　　雄赳赳、气昂昂，跨过太平洋，当然还有大西洋和印度洋。

　　是英雄儿女，要挺身而出，奔赴市场最需要的地方。哪怕那儿十分艰苦，工作十分困难，生活寂寞，远离亲人。为了祖国的繁荣昌盛，为了中华民族的振兴，也为了华为的发展与自己的幸福，要努力奋斗。要奋斗总会有牺牲，牺牲青春年华、亲情与温柔。

　　不奋斗就什么都没有，先苦才能后甜。

　　2019年，美国将华为列入实体清单，打压华为，对华为实行市场、技术、供应链全方位封锁；极端困难的外部条件，反而成了激励华为全体员工长期艰苦奋斗、力争成为世界第一的动力。

　　2019年4月12日，任正非在华为CNBG誓师大会上发表讲话《极端困难的外部条件，会把我们逼向世界第一》时提出：

　　困难从来都是更大胜利的前奏，挑战更是坚强队伍的磨刀石，我们也要从作战队列中选拔英雄与骨干，我们在极端困难情况下，要英勇奋斗；我们不能像一只病猫，等待着、幻想特赦。

　　敢战方有前途，善战才能胜利；不能为保销售而牺牲质量——研发质量、生产质量、交付服务质量、商务财务质量等。实在做不上去的国家，允许合理收缩。我们不是上市公司，不用拼一张财务报表。

　　我们的队伍既要英勇奋斗，又要灵活机动，战争是产生名将的土壤，我们要不拘一格选人才，未来的领袖将在这场战争中诞生。

小结

华为在成长发展过程中，逐步形成了"以客户为中心、以奋斗者为本、长期艰苦奋斗"的核心价值观，作为判断是非的标准，规范员工行为的准则。

华为创业之初就深刻地认识到了奋斗的意义，唯有奋斗才能生存、唯有"以奋斗者为本"才能激励员工奋斗；关于奋斗的方向，华为则经历了一个从"以自我为中心"向"以客户为中心"的转变过程；当华为逐步走向成功，并且越来越成功之际，如何激励员工长期艰苦奋斗，则成了永恒的主题和最大的挑战。

核心价值观并不仅仅是口号，更为重要的是要落实到企业的规章制度中去，转换为员工的日常工作行为；华为将核心价值观内化到管理制度中，引导员工更好地践行核心价值观，这成为华为商业成功与持续发展的有力保证。

第 2 节
形成自我批判的纠偏机制

《华为人力资源管理纲要 2.0 总纲（公开讨论稿）》是这样描述的：

过去的成功不是未来的可靠向导。将自我批判打造成组织与个体自我纠偏的机制：烧不死的鸟是凤凰，泥坑里爬起来的是圣人。

华为在成长发展过程中，逐步形成并坚持践行"以客户为中心、以奋斗者为本、长期艰苦奋斗"的核心价值观；长期坚持自我批判则是华为的纠偏机制，能够确保各级组织和员工个体始终践行核心价值观，而不会偏离核心价值观，确保华为实现商业成功与持续发展。

2008 年 9 月 2 日，任正非在华为核心网产品线表彰大会上发表讲话时提出："只有长期坚持自我批判的人，才有广阔的胸怀；只有长期坚持自我批判的公司，才有光明的未来。自我批判让我们走到了今天，我们还能向前走多远，取决于我们还能继续坚持自我批判多久。"

逐步认识自我批判

任正非是一个具有强烈危机意识和自我批判精神的企业家，华为正是在其以身作则的带动和坚持不懈的推进下，逐步形成了自我批判的精神并持续完善了自我批判的制度，保证了华为始终在正确的道路上成长发展。

一、具有自我批判能力

1998 年，从幼稚走向成熟的华为开始明白，企业长治久安的基础是核心价值观被接班人确认，并且接班人具有自我批判能力；华为的接班人并不是狭义的高层领导接班人，而是广义的每件事、每个岗位、每个流程的接班人，即华为大多数主动要求积极上进的员工都需要具备自我批判能力。

1998 年，任正非在《华为人》发表文章，提出：

经历了十年发展的华为，开始从幼稚走向成熟。开始明白，一个企业长治久安的基础，是它的核心价值观被接班人确认，接班人具有自我批判能力。华为从现在开始，一切不能自我批判的员工，将不能再被提拔；三年以后，一切不能自我批判的干部将全部免职，不能再担任管理工作。

通过正确引导，以及施加压力，再经过数十年的努力，将会在公司内形成层层级级的自我批判风气。组织的自我批判将会使流程更加优化，管理更加优化；员工的自我批判将会大大提高自我素质。成千上万的各级岗位上具有自我批判能力的接班人的形成，就会使企业的红旗永远飘扬下去。

二、如何进行自我批判

2000 年，华为系统地阐述了为什么要进行自我批判，如何进行自我批判，以及如何把握好自我批判的尺度，避免过犹不及造成伤害，或者走过场的形式主义。

一方面，自我批判不仅可以帮助员工克服不良习气，制造出国际高水平产品；自我批判还可以帮助企业持续改进管理水平，为客户提供低成本、高增值的服务，使得企业能够更好地成长发展。另一方面，员工开展自我批判，需要实事求是，既不能过度批判而破坏秩序，又不能搞形式主义走过场；组织通过自我批判进行变革，宁可保守一些，也不可太激进，不是为全面否定而批判，而是为优化和建设而批判，目标是要提升公司核心竞争力。

2000 年 9 月 22 日，任正非在华为中研部将呆死料作为奖金、奖品发给研发骨干大会上发表讲话《为什么要自我批判》时提出：

我们的管理系统，是从小公司发展过来的。从没有管理到粗糙的管理，从简单的管理到 IPD、ISC、财务的四统一和 IT 的初步建设。公司正在与国际接轨，如果不是不断地自我批判，哪位领导制订的制度动不得，某领导讲的话不能改，改动一段流程触及哪些部门的利益，导致要撤销某岗位，都不敢动，那么面对全流程的体系如何建设得起来？没有这些管理的深刻进步，公司如何实现为客户提供低成本、高增值的服务？那么到今天市场产品竞争激烈，价格一降再降，我们就不可能再生存下去。管理系统天天也在自我批判，没有自我批判，难以在迅速进步的社会里生存下去。

我们也要告诫员工，过度地自我批判，以致破坏成熟、稳定的运作秩序，是不可取的。自我批判的不断性与阶段性要与周边的运作环境相适应。我们坚决反对形而上学、机械教条的唯心主义，在管理进步中，一定要实事求是，不要形左实右。

尽管我们要管理创新、制度创新，但对一个正常的公司来说，常变革，内外秩序就很难安定地保障和延续；不变革，又不能提升我们的整体核心竞争力与岗位工作效率。

改革，究竟改什么？是严肃的问题，各级部门切忌草率。一个有效的程序应长期稳定运行，不应有一点问题就常去改动它，改动的成本会抵消改进的效益。各级领导一定要把好这个关，宁可保守一些，也不可太激进。

三、自我批判的重要性

华为在成长发展过程中，逐渐认识到自我批判的重要作用，认识到自我批判是方向大致正确的重要保证。

2008 年，华为提出自我批判是一种武器，也是一种精神，自我批判不是自卑，而是自信，因为只有强者才会自我批判，也只有自我批判才能成为强者。

2008 年 9 月 2 日，任正非在华为核心网产品线表彰大会上发表讲话时提出：

20 多年的奋斗实践，使我们领悟了自我批判对一个公司的发展有多么的重要。如果我们没有坚持这条原则，华为绝不会有今天。

没有自我批判，我们就不会认真听清客户的需求，就不会密切关注并学习同行的优点，就会陷入以自我为中心，必将被快速多变、竞争激烈的市场环境所淘汰。

没有自我批判，我们面对一次次的生存危机，就不能深刻自我反省、自我激励，用生命的微光点燃团队的士气，照亮前进的方向。

没有自我批判，就会故步自封，不能虚心吸收外来的先进东西，就不能打破局限，把自己提升到全球化大公司的管理境界。

没有自我批判，我们就不能保持内敛务实的文化作风，就会因为取得的一些成绩而忘乎所以，掉入前进道路上遍布的泥坑陷阱中。

没有自我批判，就不能剔除组织、流程中的无效成分，建立起一个优质的管理体系，降低运作成本。

没有自我批判，各级干部不讲真话，听不进批评意见，不学习、不进步，就无法保证作出正确决策和切实执行。

2017 年 6 月 1 日，任正非在上海与华为中国地区部代表及主管座谈时总结说："我们胜利的两个基础：一是方向要大致正确；二是组织要充满活力。"并确定了自我批判是方向大致正确的重要保证。

2017 年 8 月 7 日，任正非在《华为人力资源管理纲要 2.0》沟通会上提出：

方向正确是领袖要素。领袖要素是方向大致正确的一个保障，组织充满活力要成为方向大致正确的另一个保障。

组织充满活力既要能够使得大致正确的方向得以贯彻执行，也要善于自我批判，使得一旦方向脱离大致正确后，能够及时纠偏。在知识爆炸、行业快速变化的今天，充满活力的组织要让领袖听得见来自各个层级的声音，吸收全组织的精华，以保证持续维持大致正确的方向。

华为在逐步加深对自我批判认识的基础上，越来越坚定地从组织和个体两个层面践行自我批判，打造纠偏机制，确保华为在大致正确的方向上成长发展。

践行组织自我批判

华为坚持践行自我批判，既是公司发展方向持续保持大致正确的纠偏机制，也是公司发展机体持续净化和进化的有效机制；华为践行组织自我批判，主要体现在客户需求导向、打造"蓝军"机制、持续管理变革、开放心声社区四个方面。

一、客户需求导向

创业初期的华为并没有深刻认识到"以客户为中心"的重要性，而是本能地以自我为中心，坚持技术导向打造核心竞争力。

2000 年，华为战略性地错过了曾经风靡一时的小灵通，豪赌 3G 技术却迟迟没有结果，濒临崩溃的边缘；极其善于总结反思与自我批判的任正非，很快就找到了正确的应对之道：从技术导向转向客户需求导向，终于牵引华为走出了冬天。

2003 年 5 月 25 日，任正非在《管理优化报》上发表文章《在理性与平实中存活》，文章提出：

过去公司长期是技术导向，我们做了一个产品，就对客户说多好多好你来用，但是我们又是以多少次失败而告终。现在我们一定要搞清楚客户需求才是我们产品发展导向。

我们发展企业的目的是什么？就是为客户服务。为什么要为客户服务？只有客户给我们钱，因此对客户要最好。因此，产品的技术导向是充分满足客户需求。

二、打造"蓝军"机制

为了确保始终走在满足客户长远需求的产业和技术正确方向上，华为在公司战略与发展委员会下设了一个特殊机构——"蓝军"参谋部，并在各个层面建立起了红军、"蓝军"对抗机制；"蓝军"的任务就是唱反调，虚拟各种对抗性声音，模拟各种可能发生的信号，甚至提出一些危言耸听的警告，颠覆现有产品的架构，构筑起组织的自我批判能力，通过攻击技术的方向、挑剔产品的毛病，保证技术方向的正确性，促进产品健康发展。

任正非在 2003 年华为研委会会议和市场三季度例会上表示：

为什么研发规划做不好？就是因为没有民主作风，不允许大家发言。

在研发系统的总体办中可以组成一个"红军"和一个"蓝军"，"红军"和"蓝军"两个队伍同时干，"蓝军"要想尽办法打倒"红军"，千方百计地钻他的空子，挑他的毛病。"红军"的司令官以后也可以从"蓝军"的队伍中产生。"蓝军"拼命攻"红军"，拼命找"红军"的毛病，过一段时间把原来"蓝军"中的战士调到"红军"中做团长。

有些人特别有逆向思维，挑毛病特别厉害，就把他培养成为"蓝军"司令，"蓝军"的司令可以是长期固定的，"蓝军"的战士是流动的。每个产品线都应该增加一个标准队伍、一个总体队伍和一个"蓝军"队伍。不要怕有人反对，有人反对是好事，不是坏事，这会改变我们的惯性思维，打破我们的路径依赖。

三、持续管理变革

华为基于组织自我批判，持续推进管理变革，使端到端的流程得到简化并能有效地控制连通，能够为客户提供及时、准确、优质、低成本的服务，不断提升核心竞争力，支撑华为商业成功与持续发展。

2003 年，任正非进行了深刻反思与自我批判，终于确定了产品发展的路标是客户需求导向、企业管理的目标是流程化组织建设，为华为持续进行流程与组织等管理变革指明了方向。

2015 年，华为进一步明确，管理变革就是在自我批判基础上的自我革命，不断去除多余的流程、组织、人和动作，从而使管理和考核简单化，确保组织精干、执行力强、效益高。

2015 年 10 月 23 日，任正非在华为项目管理论坛上提出：

我们最终的改革要从以功能为中心转向以项目为中心。以项目为中心，项目经理有计划权、预算权、结算权，项目费用在项目经理手上，项目经理根据项目需要决定炮弹数量。

不能为客户创造价值的流程是多余流程，不能为客户创造价值的组织是多余组织，不能为客户创造价值的人是多余的人，不能为客户创造价值的动作是多余的动作。这样，华为臃肿的机关情况就会得到改善。

四、开放心声社区

随着华为发展越来越成功，规模越来越庞大，仅仅依靠任正非和华为高层管理人员已经无法全面地感知华为存在的问题；唯有激发全体员工的主人翁意识，才有可能更好地发现华为存在的问题，促进华为的发展。开放心声社区让员工可以自由地发表观点，能够帮助华为更好地开展自我批判。

2010 年，任正非顶住压力，开放心声社区，因为他坚信维护公司声誉的办法并不是去掩盖失误，而是不断改进提高。

2010 年 11 月 25 日，任正非在华为员工座谈会上提出：

当时公司开放心声社区，我内心也很有压力，反对的人也很多，我们还是坚持心声社区开放。

我不明白为什么家丑不可外扬，员工只要坚持实事求是，事情是亲历、亲为，有不对的地方，为什么不可以外扬？我们最近在离职员工管理上，已删除了维护公司的声誉这一条，维护是维护不住的，只有改好才行。要允许员工讲话，其实绝大多数员工偏离实事求是只是一点点，不会是黑白颠倒。

心声社区开放以后，我们内部实际上是好多了。

2013 年，任正非要求华为董事会成员和中高层管理人员撰文揭露华为的问题，鼓励员工批评华为，以帮助华为更好地发现问题，促进问题的解决。

2013 年 12 月 30 日，任正非在华为年度干部工作会议上提出：

这个时代前进得太快了，若我们自满自足，只要停留三个月，就注定会从历史上被抹掉。正因为我们长期坚持自我批判不动摇，才活到了今天。

今年，董事会成员都是架着大炮《炮轰华为》；中高层干部都在发表《我们眼中的管理问题》，厚厚一大摞心得，发表的每一篇都是我亲自修改的；大家也可以在心声社区上发表批评，总会有部门把存在的问题解决，公司会不断优化自己的。

2019 年，任正非总结肯定了心声社区的作用：帮助华为进行自我批判，持续改掉缺点和错误。

2019 年 3 月 13 日，任正非接受加拿大媒体采访时表示：

我们公司不是什么都好，大家看我们公司内部有一个心声社区论坛，骂华为的也很多，骂华为的很多都是优秀员工，批评华为哪里管理不好。我们经常要自我批判，然后去改进，才活到今天。如果我们有一天故步自封，一定很快就会死掉。

我们不是上市公司，不用天天跟别人说我们好，然后股票就涨，说坏话就要承担责任。因为我们不上市，天天说自己的坏话，说习惯以后，我们公司就天天在改进自己的缺点和错误。

践行个体自我批判

华为坚持和健全各层各级自我批判会的例行机制，在任正非和华为高层管理人员以身作则的带头作用下，各级管理人员和全体员工具有闻过则喜，有则改之、无则加勉的勇气和心胸，促进"聚焦工作、讲真话、做实事、努力奉献"等求真、务实、简单、奋进的工作氛围形成。

一、高层带头自我批判

任正非是一个具有强烈危机意识和自我批判精神的企业家，他认为人的一生里经常会出现思想上的红蓝对决，他一直以来反对自己的意愿多过自己想做的事情，就是自己对自己的批判远远多于自己的决定；更加重要的是，任正非敢于公开承认自己的错误，以鞭策自己更好地改正错误，这不仅为他赢得了更多的尊重，也带动了华为各级管理人员和全体员工更好地践行自我批判，使得华为能够始终走在正确的道路上。

2011 年，任正非承认自己在早期员工股权分配上犯过错误，请求员工能够理解他，并给予他改正错误的机会。

2011 年 4 月 14 日，任正非在关于如何与奋斗者分享利益的座谈会上提出：

我作为老班子，犯了很多错误，我今天来纠正这些错误。我负责把我过去的错误纠正了。以前的配股由我签字就行了，有些人多配了，有些人少配了。对于少配了的，我赔礼道歉；对于多配了的，希望你能理解我，你能不能自己减退一点，使得社会平和一点。

过去二十年就是这样走过来的，永远都会有错误。在我们体系、制度、方法不完善的时候，难免做错了很多。我们一步步地改，但不会激进地全面改革，希望新制度推出时，我们在座的人带头践行，使得公司有合理的分配机制。

2018 年，华为"蓝军"整理出《人力资源 2.0 总纲研讨班上对任总的批判意见汇总》，列举出了"任总的人力资源哲学思想是世界级创新，但有的时候指导过深、过细、过急，HR 体系执行过于机械化、僵硬化、运动化，专业力量没有得到发挥"等"任正非十宗罪"；"蓝军"司令将其直接发给了任正非，任正非则将其发布到心声社区，把错误都揽到自己身上，说"我错了，我改"，并付诸实际行动，对推进华为自我批判文化起到很好的带头作用。

2019 年 7 月 17 日，任正非接受美国媒体采访时说道："公司内部是比较开放的，允许各种思想和各种言论。我们有一个心声社区网站，骂我的话什么都有，其中'蓝军'部司令发了一篇'任正非十宗罪'，不是十个错误，而是十宗罪。有错就改，改了就能前进，所以我们内部是开放民主的。"

二、各级跟进自我批判

华为人之所以能够坚持践行"以客户为中心""以奋斗者为本"和

"长期艰苦奋斗"的核心价值观，就是因为华为人能够坚持自我批判的纠偏机制，一次次在关键时刻做出正确的选择后重新回到正确的道路上来。

1996 年，华为市场部集体大辞职，"烧不死的鸟是凤凰"，销售与服务人员面对变换的市场，不沉迷于过去的辉煌，开创了在华为干部能上能下的先河。

1995 年 11 月 18 日，任正非在华为办事处工作会议上提出："到今年年底前所有市场部正职干部向公司提交述职报告，述职报告里检讨 1995 年的工作，提出明年工作计划，希望在递交述职报告的同时，也要提交辞去正职的报告，在两份报告中公司一定会批准一份。"

2000 年，华为研发系统举行主题为"从泥坑中爬出来的是圣人"的质量反思大会，帮助华为研发人员爬出了当时以自我为中心的幼稚泥坑。

2000 年 9 月 22 日，任正非在《为什么要自我批判》的讲话中提出："今天研发系统召开几千人大会，将这些年由于工作不认真、物料清单（BOM）填写不清、测试不严格、盲目创新造成的大量废料作为奖品发给研发系统的几百名骨干，让他们牢记。之所以搞得这么隆重，是为了使大家刻骨铭记，一代一代传下去，为造就下一代的领导人，进行一次很好的洗礼。"

2010 年，华为处理马来电信的投诉事件，堪称华为员工进行自我批判的经典之作，进一步强化了"以客户为中心"的核心价值观，纠正了以领导为中心和以自我为中心的不良倾向。

2010 年 8 月 5 日，一封来自马来西亚电信 CEO、主题为"TM（马来电信）对华为在 TM 国家宽带项目中一些问题的关注"的电子邮件发给了华为轮值董事长孙亚芳，并抄送了华为相关的各级管理人员。这是一封酝酿已久的正式投诉信，礼貌的用词下面透露出的是失望与愤怒，抱怨了华为在合同履约符合度和交付问题、缺乏专业的项目管理方式、缺乏合同中要求的优秀专家资源三个方面存在的严重问题。

2010 年 8 月 10 日，自客户投诉信发来五天以来，没有一个能代表华为解决问题的人出来推动问题的解决，因为各级管理人员关注的焦点并不是如何解决问题，而是如何回复邮件并推脱责任，直到孙亚芳从国外回来得知此事后强力介入，协同各方资源，客户抱怨的问题才得到了妥善解决。

在积极采取行动解决问题的同时，自 2010 年 8 月中旬起，华为从高层到一线基层作战单元，开始对马来电信项目进行了一系列的反思与讨论，从自身找问题，从思想和流程制度上找问题，以杜绝类似问题的发生。

以下是《我们还是以客户为中心吗？——华为与马来电信的投诉始末》一文的记录：

孙亚芳：我相信马来电信的问题在华为不是一个单一的现象，是一个全体的现象。

徐直军：面向客户多了，我们对客户的态度在发生变化。小公司时候的诚惶诚恐更说不上了，大家甚至可以谈笑风生地谈我们存在的问题。

杨赛（华为 TM 系统部主任）：一两个项目时我们安静地聆听客户。项目多了，大家用技术、工具、经验、模板、策略就把项目拿下来了，成就感挺高，而对客户的售后、牵引等有所疏远麻痹。

王胜利（华为亚太片区总裁）：当客户出现困难的时候，我并没有把客户的优先级放在第一位，脑子里还在想着手边没处理完的紧急事情，暴露了在内心对交付问题是没有真正急客户所急。

邓飚（华为软件公司总裁）：孙总第一次就 TM 事件打电话时，我吓了一跳，下意识地自我保护，回道，我的问题已经解决完了，需要的话我可以去。

戴景岳（华为马来代表处代表）：交付是最重要的，尽管大会小会上都说，但是反思这个问题，我还只是在口头上说，没有真正落实在行动里面，没有把交付作为日常管理或日常行动的一部分，没有对关键问题的处理真正去落实。

杨赛：我这样从火线提拔的主管，就是拼命干起来的，对于如何组织公司的重大项目的交付、如何与客户进行组织匹配、如何在客户网络中担当领导者角色、如何做好内部项目群的协同，都没经验。

邓飚：在自己这个位置上，出差不应该是只代表本体系和本部门，更多的是要推动问题的解决，特别是端到端的问题。

面对可能要触动原有的部门、流程和利益格局，面对可能触及自己的奶酪、改变自己熟悉的做事情方式，是真正做到"以客户为中心"？还是喊喊口号，却维持小团体、个人的眼前利益与个人熟悉的做事的方式与习惯？生存还是死亡？大象能否继续起舞？历史又一次将这个沉重话题抛给了全体华为人："以客户为中心"，可以成为天才；以领导为中心，就会成为奴才；以自我为中心，则会变成蠢材。华为人，你如何选择？

小结

华为深刻地认识到了自我批判的重要性，坚持自我批判的纠偏机制，使得华为坚持践行以客户为中心核心价值观，纠正不自觉地滑向以自我为中心的偏向；践行长期奋斗核心价值观，纠正成功之后因惰怠而不再艰苦奋斗的偏向，支撑了华为的商业成功与持续发展。

第 3 节
打造价值创造的管理循环

《华为人力资源管理纲要 2.0 总纲（公开讨论稿）》是这样描述的：

企业的活力除了来自目标和机会的牵引以外，在很大程度上是受利益的驱动。企业的经营机制，说到底就是一种利益的驱动机制。价值分配系统必须合理，使那些真正为企业做出贡献的人才得到合理的回报，企业才能具有持续的活力。

全力创造价值： 活下去是硬道理；对外"以客户为中心"，为客户创造价值，追求持续商业成功；对内力出一孔、利出一孔，胜则举杯相庆，败则拼死相救，永不言败；团结一切可以团结的力量。

正确评价价值： 以客户满意作为唯一衡量；以责任结果为导向评价组织与个体；员工贡献要大于成本，坚持淘汰低绩效与惰怠者。

合理分配价值： 多劳多得，劳动所得与资本所得 3:1；组织的激励资源来源于获取分享；个体激励与机会分配向绩优者和奋斗者倾斜。

华为在人力资源管理实践中，逐步建立并持续完善了全力创造价值、正确评价价值、合理分配价值的利益驱动机制。一方面，确保了华为核心价值观的践行，"以客户为中心"，全力创造价值；"以奋斗者为本"，正确评价价值；通过合理地分配价值激励员工长期艰苦奋斗。另一方面，形成了价值创造做蛋糕、价值评价论功、价值分配行赏的良性循环，有效地支撑了华为的商业成功与持续发展。

全力创造价值

全力创造价值的前提条件是清晰认识价值，在清晰认识价值的基础上，华为团结一切可以团结的力量来全力创造价值。

一、清晰认识价值

在成长发展过程中，华为越来越清晰地认识到企业存在的唯一理由就是要为客户创造价值，为客户创造价值的目的则是为了帮助企业实现商业成功；只有实现了商业成功，企业才能够获得持续的发展，员工也才能够分享企业发展的成果，进而激励员工更加努力地为客户创造价值，形成良性的循环。

1996 年，华为在创业初期就已经认识到，企业只有为客户服务才能获得生存的机会，员工的行为只有以市场为中心才会具有价值。

1996 年 6 月 8 日，任正非在华为行政系统员工对话会上提出：

人活在这个世界上，不是为了自己而生存，必须是为了为他人服务而生存，这是一种目标导向。大家说我们以市场为中心，要建立全面的服务意识。市场经济肯定以市场为中心，这个目标导向是不能变化的。

我们以市场为中心，是目标。比如说洗煤炭，你把煤炭洗白了，你确实劳动态度很好，任劳任怨，不怕脏、不怕苦、不怕累，可是洗煤炭不具有任何价值和意义。我们只有明确了目标导向，为市场服务，才算是我们的服务目标明确。

1998 年，华为在面对国外强大竞争对手的压力时进一步认识到，企业的所有改进都必须瞄准提高核心竞争力，以达到更好地为客户创造价值的目的。

任正非在 1998 年华为第二期品管圈活动汇报暨颁奖大会上指出："如果我们不强调提升公司核心竞争力是永恒发展方向，我们的'小改进'改来改去，只顾自己改，就可能对周边没有产生积极的作用，改了半天，公司的整个核心竞争力并没有提升。那就是说，我们的'小改进'实际上是陷入了一场无明确大目标的游戏，而不是一个真正增创客户价值的活动。因此，在小改进过程中要不断瞄准提高企业核心竞争力这个大方向。"

2006 年，为了摒弃脱离商业成功导向的唯技术创新，华为明确提出：企业应始终坚持以市场的商业成功为导向，盲目自傲的创新无异于自杀。

2006 年 12 月 18 日，任正非在国家某大型项目论证会上提出："华为作为一家高科技企业，从创业开始，就始终坚持以市场的商业成功为导向，一切投资和管理的改进都紧紧围绕产品的市场商业成功，尤其摒弃的是脱离商业成功导向的、唯技术的创新。这种盲目自傲的创新，对于我们没有资金来源的公司来说，无异于自杀。"

2015 年，针对部分员工存在偏离和曲解"以客户为中心"的现象，华为开始强调：为客户服务的目的是获取合理的回报，回报应包括当期商业利益，或中长期商业利益，并体现在收入、利润、现金流等经营结果上。

2015 年 1 月 16 日，任正非在华为年度市场工作会议上提出："商业活动的基本规律是等价交换，如果我们能够为客户提供及时、准确、优质、低成本的服务，我们也必然获取合理的回报，这些回报有些表现为当期商业利益，有些表现为中长期商业利益，但最终都必须体现在公司的收入、利润、现金流等经营结果上。那些持续亏损的商业活动，是偏离和曲解了'以客户为中心'的。"

2018 年，华为明确提出了企业是通过为客户创造价值而获得商业成功，员工是通过高质量的工作而获得合理回报，完整地阐述了客户、企业、员工之间的价值传递关系，确定了价值的内涵和作用。

二、聚焦创造价值

在正确认识价值的基础上，华为持续进行管理改进，团结一切可以团结的力量，聚焦各要素为客户全力创造价值。

1998 年起，华为系统地引入世界级管理咨询公司的管理经验，进行管理变革，把业务管理体系聚焦到创造客户价值这个核心上，有效支撑了华为的持续发展。

2004 年 4 月 28 日，任正非在广东省委中心组"广东学习论坛"报告会上做专题报告《华为的愿景、使命、价值观》时提出：

从 1998 年起，华为系统地引入世界级管理咨询公司的管理经验，在集成产品开发、集成供应链、人力资源管理、财务管理、质量控制等诸多方面，华为与 IBM（国际商业机器公司）、Hay Group（合益集团）、Mercer（美世咨询）、P&W（普拉特·惠特尼集团）等公司展开了深入合作，全面构筑客户需求驱动的组织流程和管理体系。

华为与 IBM、Hay Group、Mercer、P&W、德勤、盖洛普、NFO-TNS（一家市场研究公司）、Oracle（甲骨文公司）等公司合作，引入先进的管理理念和方法论，从业务流程、组织、品质控制、人力资源、财务、客户满意度六个方面进行了系统变革，把公司业务管理体系聚焦到创造客户价值这个核心上，经过不断改进，华为的管理已与国际接轨，不仅承受了公司业务持续高速增长的考验，而且赢得了海内外客户及全球合作伙伴的普遍认可，有效支撑了公司全球化战略。

2008 年，为了纠正以技术为导向的倾向，任正非告诫研发技术人员要多一些商人的味道：华为最重要的是管理，而不是技术，因为这个世界需要的并不是先进的技术，而是能够真正满足客户需求的产品和服务。

2008 年 7 月 5 日，任正非在华为 PSST（网络解决方案）体系干部大会上提出：

研发体系大多数人都是工程师，渴望把技术做得很好，认为把技术做好才能体现自己的价值。简简单单地把东西做好，在研发中也许评价是不高的；而把事情做得复杂，显得难度很大，反而评价很高，这就不是"以客户为中心"。客户需要实现同样目的的服务越简单越好。我们要使那些能把功能简简单单做好的工程商人得到认可，才能鼓励"以客户为中心"在研发中成长。

因此我希望大家不仅仅做工程师，要做商人，多一些商人的味道。这个世界需要的不一定是多么先进的技术，而是真正满足客户需求的产品和服务，而且客户需求中大多是最简单的功能。

2008 年，华为确立了"以客户为中心"的核心价值观，强调直接或间接地为客户提供有效服务，是工作努力的方向和价值评价的标尺，所有不能为客户创造价值的部门、流程、人都是多余的，是要被精简的，从而不断提高组织效率，产生更多与员工相关的利益。

2008 年 7 月 15 日，任正非在华为市场部年中大会上提出：

公司正在迈向新的管理高度，以什么来确定我们的组织、流程、干部的发展方向呢？以什么作为工作成绩的标尺呢？

我们要以为客户提供有效服务来作为我们工作的方向和价值评价的标尺，当然是包括了直接价值与间接价值。不能为客户创造价值的部门为多余部门，不能为客户创造价值的流程为多余流程，不能为客户创造价值的人为多余的人，不管他多么辛苦。也许他花在内部公关上的力气也是很大的，但他还是要被精简的。这样我们的组织效率一定会有提高，并直接产生相关员工的利益。

因此，各级领导在变革自己的流程与组织时，要区别哪些是烦琐哲学，哪些是形式主义，哪些是教条，哪些是合理必需。

2014 年，华为明确提出管理应"以客户为中心"，其目的就是"多产粮食"、多赚钱，否则就是孤芳自赏、自我膨胀，就会导致组织的呆滞不前。

2014 年 6 月 16 日，任正非在华为"蓝血十杰"表彰会后的记者提问环节说道：

我们要避免管理者的孤芳自赏、自我膨胀，管理之神要向经营之神迈进，经营之神的价值观就是"以客户为中心"，管理的目的就是"多产粮食"。经营之神的目标是为客户产生价值，客户才会从口袋里拿出钱来。我们一定要把所有的改进对准为客户服务，哪个部门报告说他们哪里做得怎么好，我要问粮食有没有增产，如果粮食没有增产，怎么能说做得好呢？

我们的内部管理从混乱走向有序，不管走向哪一点，都是要赚钱。我担心我们的管理若陷入孤芳自赏，结果就会是呆滞。

2017 年，华为在成为行业领先者之后为了打造良好的生态环境，提出价值循环平台应该是全产业链的价值创造与分享，包含对外价值链和对内的价值链，进一步拓展了价值的外延，充实了价值的内涵，以提高企业的整体竞争能力。

2017 年 8 月 7 日，任正非在《华为人力资源管理纲要 2.0》沟通会上表示：

华为将来的价值循环平台还是全产业链的价值创造与分享，包含对外价值链和对内的价值链。这个平台是应该有方向和业务目标的，要捆绑内、外最优秀的资源。

对内价值链是激发组织与员工的活力，提高每个组织与员工在价值创造中的机会及输出；对外价值链是捆绑组合一切优秀的资源能力，形成优质资源的集合，提高我们的整体竞争能力。

正确评价价值

华为在全力创造价值的基础上，需要进一步正确地评价价值，为下一步合理地分配价值提供可靠的依据。华为认为建立客观公正的价值评价体系是华为人力资源管理的长期任务，主要经历了建立考评体系、坚持结果导向考评、完善差异化考评机制三个阶段。

一、建立考评体系

华为在创业初期，逐步认识到了建立考评体系来进行价值评价的重要性，在咨询公司的帮助下建立起了通用的考评体系框架。

1997 年，华为开始推行干部考核与员工计量工作制，以合理安排员工的薪酬，并认识到考核制度即使不够完善、准确，也需要坚决地推行，在推行中持续地改良、优化。

任正非在 1997 年华为"机关干部下基层，走与生产实践相结合道路"欢送会上提出：

1997 年，我们要全面推开干部考核与员工计量工作制，按能力、业绩及贡献，合理地安排员工的报酬。考核是完善价值分配的基础。在成绩面前人人平等。尽管我们的考核制度还不够完善、准确，但公司是坚决要推行的，全体员工都要善意地关心它，提出建设性的改进意见，拒绝考评的干部，我们将拒绝提升。只有坚持数年，我们才可能产生一个合理的价值评价体系。希望考评体系天然合理，是一种幼稚的思想。各级管理干部都要去坚决推行，在推行中去改良、优化。在推行中，加强各专业干部部的建设，提高管理的力度与深度。

1998 年，《华为基本法》首次系统地阐述了考评方式，明确了建立客观公正的价值评价体系是华为人力资源管理的长期任务。

（考评方式）

第六十六条 建立客观公正的价值评价体系是华为人力资源管理的长期任务。

员工和干部的考评，是按明确的目标和要求，对每个员工和干部的工作绩效、工作态度与工作能力的一种例行性的考核与评价。工作绩效的考评侧重在绩效的改进上，宜细不宜粗；工作态度和工作能力的考评侧重在长期表现上，宜粗不宜细。考评结果要建立记录，考评要素随公司不同时期的成长要求应有所侧重。

在各层上下级主管之间要建立定期述职制度，各级主管与下属之间都必须实现良好的沟通，以加强相互的理解和信任。沟通将列入对各级主管的考评。

员工和干部的考评实行纵横交互的全方位考评，同时，被考评者有申诉的权利。

1998 年，华为提出了同等贡献、同等报酬的考评原则，以确保价值评价的公平性、激发员工的工作积极性。

1998 年，任正非向中国电信调研团的汇报以及在联通总部与处级以上干部座谈会上发表《华为的红旗到底能打多久》时提出：

各尽所能，按劳分配。怎么使员工各尽所能呢？关键是要建立公平的价值评价和价值分配制度，使员工形成合理的预期，让他相信各尽所能后你会给他合理的回报。

而怎么使价值评价做到公平呢？就是要实行同等贡献、同等报酬原则。不管你是博士也好、硕士也好、学士也好，只要做出了同样的贡献，公司就给你同等的报酬，这样就把大家的积极性都调动起来了。

1999 年，华为在咨询公司的帮助下，结合华为实际情况，初步建立起了既能进行规范管理，又具有一定创新精神的价值评价体系，为后来持续完善价值评价体系打下了良好而坚实的基础。

任正非于 1999 年在《华为人》发表《创业创新必须以提升企业

核心竞争力为中心》一文中提出：

英国现在为何渐渐衰落了？原因在于没有创新。我们在引进英国的任职资格体系时，同时选用了美国HAY公司的薪酬价值评价体系。所以我们的价值评价体系里面既有英国的规范化管理，又有美国的创新精神，因此我们公司最后不会像英国一样做得很死板。

那么我们公司要求面对流程，要求规范化管理，大家认为规范化管理会不会把华为管理得跟英国一样呢？中国人老是想这个会了，再搞搞那个，好奇心是中国人的特征。我们推行规范化管理后，中国人的创新精神仍是压也压不住的火花，不过创新不像以前那么幼稚了，而是有序的、有价值的创新。

二、坚持结果导向考评

在价值评价实践过程中，华为逐步形成了简单的、一元的、清晰的价值评价标准，即价值评价只与贡献结果相关，而与学历、能力、态度和品德等因素无关；无论谁为实现公司目标做出了直接的、间接的、重大的、微小的贡献，都应得到与其贡献相称的财富、相称的晋升，只要他做出的贡献大于公司为他付出的成本即可。

2010年，华为开启《华为人力资源管理纲要1.0》讨论，强调价值评价应以责任结果为导向，而与不能为客户输出有益结果的能力无关。

2010年7月15日，任正非在《华为人力资源管理纲要1.0》第一次研讨会上提出：

我们的待遇体系是基于贡献为准绳的。我们说的贡献和目标结果，并不完全是可视的，它有长期的、短期的，有直接的、间接的，也包括战略的、虚的、无形的结果。因为只有以责任结果为导向才是公平的，关键过程行为考核机制，与此没有任何矛盾。

关键过程行为与成功的实践经验、有价值的结果是一致的。不能为客户输出任何有益结果的能力，我们是不承认的，这就是我们多年来不承认茶壶中饺子的缘由。无论你人格如何高大，品德如何高尚，学问如何渊博，你得到人们承认的，一定是通过一定形式表现出来的。

2012 年，华为开始尝试用绝对考核替代相对考核，考核要简单，导向要清晰，只有标准基线，没有人和人的相对比例，以强调收益分享、风险分担，团结多数人，促进创造出更好的绩效。

2012 年 3 月 19 日，任正非在华为基层作业员工绝对考核试点汇报会上表示：

绝对考核的目的是团结多数人。只有团结多数人，这个社会才能进步，我们就是要实行这样一个制度。如果优秀员工占少数，优秀员工可能会成为讥讽的对象，他们很孤立，不敢大胆地伸张正义。优秀员工占多数，落后的占少数，落后在这里就没有土壤了，他们就必须进步。所以在绝对考核中还要扩大 A 的比例。

到底是成本高，还是贡献高？咱们公司是分享制，我是宁可 A 越多越好，你拿得越多，公司也赚得越多。所以只要我们确立这种分享模式在考核机制中是基于贡献分成，我不怕员工进步，我巴不得员工进步，我盼望员工进步，都进步了，创造的绩效就更多了，为公司做的贡献也就多了。

2014 年起，华为反复强调价值评价应以商业成功为导向，而不能是技术导向，因为没有商业成功的技术导向是没用的。

2014 年 3 月 11 日，任正非在华为与消费者 BG 管理团队进行午餐会，并在会上表示：

活不下去就没有未来！我们的价值评价体系要改变过去仅以技术为导向的评价，大家都要以商业成功为导向。

消费者 BG 已经进入公司主航道了，但主航道是要创造价值，价值并不仅仅是技术领先。未来还有很长的路要走。你们应该是给主航道贡献能量，而不是拖后腿。

2017 年 7 月 6 日，任正非在华为 IRB（产品投资评审委员会）改进方向汇报会议上提出：

没有商业成功的技术导向有什么用？所以我们坚持以责任结果为导向，选拔、晋升员工。我们要打破"做低端产品的人就低端，做高端产品的人就高端"这个僵局。低端产品如果好赚钱，就一样可以拿高职级的待遇。

我们对价值的评价，要用商业成功来评价，而不是用高端、复杂的技术来评价。任职资格现在都是以能力来评价，这样在前方比如非洲作战肯定吃亏了，虽然产粮食多，但是能力弱。我们要用商业成功结果为导向来评价。

三、完善差异化考评机制

华为在坚持结果导向考评的基础上，针对业务、岗位、责任等差异性，持续完善差异化考评机制，以充分激发各类和各级员工的活力。

（一）业务差异性考评

考核导向需要对应不同业务的战略与发展诉求：成熟业务的考核要导向精细化经营，不断提高经营效益，稳定运营成果；成长业务的考核要导向积极发展，不断扩大规模，逐步构建格局；发展初期业务的考核要导向战略落地，抓住机会，布局未来。

华为持续优化成熟业务的获取分享制，逐步引入追加奖励、战略奖励等措施，不仅让"多打粮食"的工作得到当期的回报，也要让"增加土地肥力"的努力获得合理的收益。

2017 年 11 月，任正非在《华为人力资源管理纲要 2.0》修订与研讨会上提出：

> 对于公司业务边界内，成熟业务的获取分享制要优化，逐步引入追加奖励、战略奖励等措施，不仅让"多打粮食"的工作得到当期回报，也要让"增加土地肥力"的努力获得合理收益。追加奖励也是一种激励。
>
> "多打粮食"不能以"透支恶化"土地肥力为代价，对于"透支恶化"土地肥力的急功近利行为，让大家都知道，要建立科学的发展观，更重要的是建立科学的历史观。

同时，华为开始尝试建立能够适应成长与发展初期业务的获取分享机制，合理加大激励机会与资源向成长与发展初期业务的倾斜力度，促进优秀干部和员工积极投身于成长与发展初期业务中去建功立业。

2018 年 4 月 26 日，任正非在华为战略预备队述职会上提出："人力资源考核不要僵化，对于一些新业务，不完全以产粮食为中心，而是以评价体系为中心，这样让新业务在部门里面也能成长起来。特别是唯一责任主体的分队，业务主官要承担起突破新业务的责任。如果需要预算和政策支持，集团可以给予补贴。"

（二）岗位差异性考评

面向工作性质的确定性与不确定性，华为差异化地进行各类人才的价值评价，牵引主官聚焦胜利、专家解决问题、职员高质量执行、工匠精益改进。

主官的目标就是胜利，是以责任结果进行评价，而不能像士兵一样简单地以服从为天职：作战主官关注的是胜利，一切为了打赢；平台主官眼睛应盯着前线，驱使自己的部门及时、准确地为前线提供服务与支持，因为只要前方打了败仗，大家都是败将。

2019 年 1 月 18 日，任正非在华为个人绩效管理优化工作汇报会上提出："有人问：'如果组织经营结果不好，主官有没有可能会有好的绩效结果？'回答是：'肯定没有。'但是这个主官可能是优秀的，就先边缘化到战略预备队中去，重新接受挑选，剃了头去冲锋，证明他还是一条好汉，再组建队伍去冲锋作战。"

专家应对不确定性和变化，其职责是处置特殊情况，解决疑难问题。

职员的任务是把确定性工作做到最好，干一行、爱一行、专一行，按照要求做好本职工作即可，只对执行命令负责而不对结果负责，因为命令的错误应该由命令下达者负责，而不是由执行的职员来负责。

工匠精神就是专注，用一生的时间来钻研，其成功的标志就是一生做好一件事；华为在考核、激励等方面，牵引员工自觉追求高质量，努力营造出工匠的文化氛围。

2019 年 3 月 9 日，任正非发表讲话《改革，就是必须用自身的风险，去换取无穷的战斗力》时表示："我非常赞成华为机器的口号：增产不增人，涨工资；提高质量，改善效率，提高贡献者的收入。鼓励和鞭策所有人通过艰苦学习和努力实践，转变为工匠，适应社会发展，避免过早淘汰。"

（三）责任差异性考评

华为会区分承担经营型责任与承担职能型责任的组织与员工，根据其做出的不同贡献，分别进行差异性的绩效考评。

面向承担经营型责任的组织与员工，要建立短期与长期贡献相结合的合理评价机制，既包括有利润的收入、有现金流的利润等"多产粮食"的贡献，又包括做出战略贡献、增加客户满意度、有效管理风险等增加土地肥力的贡献。

2019 年 1 月 18 日，任正非在华为个人绩效管理优化工作汇报会上提出：

绩效管理有几个优化点：

一是坚持以责任结果为导向，"产粮食"的结果是可以计算出来的，占比多少，例如 70%。

二是强调战略贡献，"增加土地肥力"是评议出来的，按微软萨提亚的那三条，相关部门也要投票的，占比多少可以探索，例如 30%，这一部分我们目前还做得不好。

三是差异化管理，不做一刀切。

主官和普通员工的考核比重应该不一样，高级主官可能 70% 是战略贡献，30% 是当前结果。主官一定要牵引公司前进，领袖就是以战略方向为中心。如果没有战略思维，就不是主官，他可以退成主管，抓事务性的日常工作。

　　面向承担职能型责任的组织与员工，评价中要区分好管控、监督与服务的不同工作贡献，实行差异化的价值评价机制。

　　一方面，华为坚持三项中央集权（资金管理权、账务管理权、审计权），加强垂直监督，穿透层层业务，直至末端，实现有效监督；同时管控也要以价值创造为导向，实现"业务扩张"与"风险控制"二者之间的有效平衡，帮助主官在获取胜利的同时保证内外合规性。

　　2019年2月12日，任正非在《对准联接领域绝对领先，不断激活组织，改变作战方式，提升作战能力和效率》一文中提出：

　　建立不同人群的差异化评价机制。作战类人员要以作战结果来评价；资源类人员以UR和项目评价来衡量；能力类人员要体现战略导向，要考试加考核，增加一线评价；管控类人员要通过数字化减少中间传递层，定岗定编，通过考军长等方式识别南郭先生。

　　要明确从实战中练兵选将，在识别南郭先生和铲除平庸的同时，要提拔李云龙式的干部。李云龙式的干部是实战出来的，不是考试、述职评出来的。我们要的是粮食，不是电影里面的军服帅哥，军服帅哥不能打仗有啥用。

　　另一方面，华为持续进行行政改革，通过将责任与权力前移，努力将华为从中央集权方式转向一线呼唤炮火的授权方式，从而推动机关从管控型向服务、支持型转变，形成一个能够适应现代需求的现代化管理企业。机关服务职能的考评，采用服务对象反向评价和考核的方式，即由受益的组织和业务来反向进行评价，真正体现出业务贡献，而不是个人包装。

2013 年 1 月 14 日，任正非在华为表彰会上提出：

要逐步将后方管理平台从管控向服务、支持、监管转变，胜则举
杯相庆、败则拼死相救，应成为他们的至理名言。

后方管理平台的考核，首长只能进行批评、指导，表扬则不能计
入成绩，即首长只能做减法，他们的表扬、考核计分，主要来自他们
服务的对象，他们的绩效应主要由其服务对象来评价。

合理分配价值

华为在坚持结果导向考评和差异化考评的价值评价基础上，实施
按劳分配和按资分配相结合的价值分配方式，较好地平衡了老员工与
新员工的利益诉求；实施获取分享制，在激发员工活力的同时，也保
证了公司的可持续发展。

1998 年，《华为基本法》提出了按劳分配与按资分配相结合的价
值分配方式，并说明了按劳分配和按资分配的依据和注意事项。

2011 年，任正非将华为员工划分为普通劳动者、一般的奋斗者和
有成效的奋斗者这三类，可以分别享有不同的待遇。普通劳动者可以
享有法律相关的报酬，如加班工资；一般的奋斗者可以享有高于社会
平均水平的报酬，只要他们的贡献大于成本；有成效的奋斗者可以通
过奖金与股票等方式，分享华为的发展成果。

2013 年，华为提出了获取分享制，要求员工先为公司做出贡献，
再依据其贡献大小从公司收益中分享合理的回报，既能充分激发员工
活力，又能保证公司持续发展。同时，华为进一步完善了员工按劳分
配和按资分配结构，较好地平衡了新老员工利益分享机制，激励员工

长期艰苦奋斗。

2014 年 9 月 23 日，任正非在华为激励导向和激励原则汇报会上说道：

落实获取分享制，管理好员工的分配结构，关注到公司的每个角落，让人人都能分享到公司成长的收益。

员工的货币资本所得（指员工获得虚拟受限股所带来的收益），管理要考虑员工过去的劳动回报，在当时历史条件下做出的贡献，不能用今天来否定过去；而员工的人力资本所得（指员工获得的工资性薪酬、年度奖金和 TUP 等累计的总收益），管理更多要看现实表现。

要管理好员工人力资本所得和货币资本所得的分配结构，货币资本所得保持合理收益即可，其他收益全部给人力资本所得，我们不能通过股票大量分红来过度保障退休员工的收益，而是要切实保障作战队伍获得大量（收益）的机会。

我们已初步确定了员工的激励结构分配系数，这个比例可以继续摸索下去，这就是两个大包的分享机制。具体到每个人的纵向分享机制，可以再来进一步研究。

这样，让拉车的人比坐车的人拿得多，"获取分享"的价值分配理念驱动公司长期健康发展。让拉车的比坐车的人拿得多，同时还要区分时间段，拉车人在拉车时比不拉车的时候要拿得多。

小结

华为价值链利益驱动机制的核心是正确地进行价值评价，因为只有正确地进行价值评价，才有可能合理地进行价值分配，进而更好地激发组织活力，全力创造出更大的价值，形成良性的价值链管理循环，为华为商业成功与持续发展提供了生生不息的动力。

H U A W E I

华为在长期人力资源管理实践中，逐步形成并持续完善了组织、干部和人才三个要素管理体系，构建了聚焦客户、灵活敏捷、协同共进的组织结构，打造出了敢战、善战、打胜仗的干部队伍，建设了一支匹配业务、结构合理、专业精深、富有创造活力的人才队伍，提高了人力资源的整体工作效率，保证了华为的商业成功与持续发展。

第 1 节
创造要素管理体系之组织篇

  《华为人力资源管理纲要 2.0 总纲（公开讨论稿）》是这样描述的：
"确立了'客户与战略决定组织'的组织管理理念，形成了'责任聚
焦、分权制衡'的管理原则和'弹性投入、考核促产、协同共进'的管
理机制，构建了客户、产品与区域三维度协同作战的公司组织平台，逐
步推动了公司经营重心的前移。"

  华为在长期人力资源管理实践中，建立并持续完善了客户、产品、
区域三维度协同作战的组织平台，形成了分权制衡下的责任聚焦组织管
理原则以及流程化组织的协同共进管理机制，构建起了聚焦客户、灵活
敏捷、协同共进的组织，从而保证了华为的商业成功和持续发展。

三维度协同作战组织平台

  华为坚持客户与战略决定组织的原则，形成了平台组织支撑作战组
织的整体架构：作战组织采用客户、产品、区域三维度协同作战的组织
模式，聚焦业务为客户创造价值；围绕作战组织进行平台组织建设，为
作战组织提供强有力的支撑与服务。

一、组织架构演变

1998 年，华为完成了组织架构的顶层设计：按战略性事业划分的事业部、按地区划分的地区公司，构成了二维的基本组织结构，承担实际利润责任；按职能专业化原则建立的管理部门，构成了组织的结构主体，以提高效率并加强控制。

《华为基本法》提出：

（基本组织结构）

第四十四条　公司的基本组织结构将是一种二维结构：按战略性事业划分的事业部和按地区划分的地区公司。事业部在公司规定的经营范围内承担开发、生产、销售和用户服务的职责；地区公司在公司规定的区域市场内有效利用公司的资源开展经营。事业部和地区公司均为利润中心，承担实际利润责任。

（主体结构）

第四十五条　职能专业化原则是建立管理部门的基本原则。对于以提高效率和加强控制为主要目标的业务活动领域，一般也应按此原则划分部门。

公司的管理资源、研究资源、中试资源、认证资源、生产管理资源、市场资源、财政资源、人力资源和信息资源……是公司的公共资源。为了提高公共资源的效率，必须进行审计。按职能专业化原则组织相应的部门，形成公司组织结构的主体。

2020 年，华为官方网站展示的组织结构如图 4-1 所示，与 1998 年《华为基本法》设计的组织结构相比较，在保持架构一致性的基础上，主要有两个方面的变化。

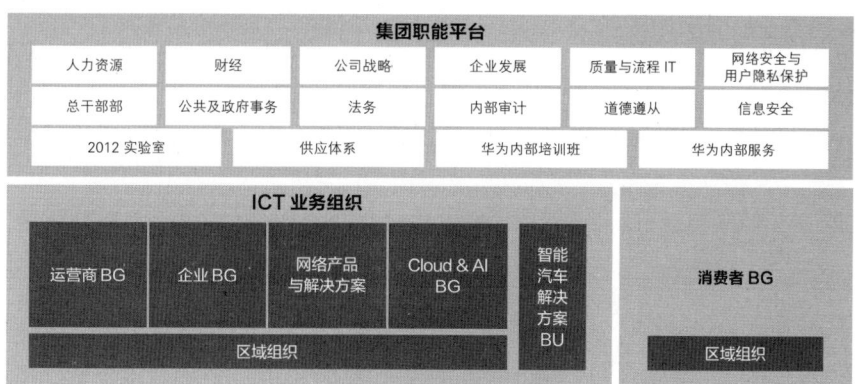

图 4-1　华为组织结构

　　一方面，将基本组织结构定义为作战组织，包括 ICT 业务组织和消费者 BG；将事业部和地区公司构成的二维基本组织结构，转化为客户、产品和区域的三维度协同作战模式，可以为"客户需求和技术创新双轮驱动"创造提供更好的组织保证。

　　另一方面，将结构主体定义为平台组织，即集团职能平台，包括人力资源、财经、公司战略等职能部门，构成作战组织的支撑、服务和监管平台。

二、三维度协同作战

　　为聚焦业务的作战组织，采用了客户、产品、区域三维度协同作战的模式：运营商 BG、企业 BG 和消费者 BG 等，构成了客户组织维度；网络产品与解决方案、Cloud & AI BG、智能汽车解决方案 BU 等，构成了产品组织维度；代表处、地区部、片联等，构成了区域组织维度。

（一）客户组织维度

2011 年之前，华为只有一个客户，即运营商。

2011 年，华为拓展了企业客户和消费者客户，成立了运营商 BG、企业 BG 和消费者 BG。

2017 年，华为更新了愿景，将客户范围拓展到了每个人、每个家庭、每个组织：消费者 BG，将为个人客户和家庭客户提供产品和服务；运营商 BG 和企业 BG，将为组织客户提供产品和服务。

2017 年 11 月 20 日，任正非在公司愿景与使命研讨会上提出："华为立志：把数字世界带入每个人、每个家庭、每个组织，构建万物互联的智能世界。未来每一个个人、每个家庭、每个组织（包括企业、政府及公共事业组织等），或多或少要用到华为的产品或服务，或者使用华为帮助运营商建设的网络，或者使用华为的终端，或者使用华为的企业类产品。"

（二）产品组织维度

华为不断地扩展其产品与解决方案，先后成立了网络产品与解决方案、Cloud & AI BG、智能汽车解决方案 BU 等组织，侧重于构建产品与解决方案的竞争力，支持华为的商业成功。

2010 年，为了从通信设备制造领先者转变成为 ICT 行业领导者，华为提出了"端管云"的概念，开始布局终端、管道、云端这三大类产品与解决方案，以构建万物互联的智能世界，成为智能社会的使能者和推动者。

2014 年，华为整合成立了网络产品与解决方案业务组织，致力于开发管道类产品与解决方案。

2018 年，华为整合组建了 Cloud & AI BU，致力于开发云端类产品与解决方案。

2019 年，华为消费者 BG 宣布将实施 "1+8+N" 全场景战略，极大地丰富了终端类产品与解决方案：1 代表华为手机，8 代表华为旗下平板、TV、音响、眼镜、手表、车机、耳机、PC 等各种终端产品，N 代表移动办公、智能家居、运动健康、影音娱乐及智能出行等延伸产品与解决方案。

2020 年，华为将 Cloud & AI BU 升级为 Cloud & AI BG，加大了云端类产品资源投入力度；成立了智能汽车解决方案 BU，可以归入终端类产品。两者将成为华为未来业务增长点，支撑华为可持续发展。

（三）区域组织维度

华为区域组织包括代表处、地区部、片联，侧重于满足客户需求，形成经营结果。

早在 1996 年，在以客户为导向的方针指导下，华为就已经在国内设立了 33 个办事处，在国外设立了莫斯科代表处，以贴近客户，更好地满足客户需求。

1996 年 12 月，任正非在北京市电信管理局和华为 C&C08 交换机设备签字仪式上发表题为《坚持顾客导向，同步世界潮流》的讲话，提出："以顾客为导向是公司的基本方针，公司本着贴近客户的原则在全国建有 33 个办事处和 33 个用户服务中心，与 22 个省管局建有合资公司，在莫斯科设立代表处，在其他国家（或地区）正在兴建合资工厂，在东欧十多个国家安装了设备，为香港提供了商业网、智能网和接入网。为了满足用户的要求，我们还会做出更大的努力。"

2000 年，华为为了更好地改善客户关系，开始建立地区客户经理部，确保更加精细地开展工作，提升各个层面的客户满意度。

2000 年 1 月 28 日，任正非在华为市场部集体大辞职四周年颁奖典礼上发表讲话《凤凰展翅，再创辉煌》时指出："我想说的就是我们今年最重要的市场举措就是建立地区客户经理部（地区客户代表处）。要以改善客户关系为中心来建立，到时我们的客户代表管理部、国内营销部、区域机构管理部可共同对这个地区客户经理部或地区客户代表处实施管理。这就是说我们要把碉堡建到每一个前沿阵地去。"

2009 年，华为借用海军陆战队、重装旅等概念，说明了代表处与地区部之间的关系，并借用美军参谋长联席会议的组织模式，提出了片区的改革方案，完善了华为区域组织的建设。

任正非在华为 2010 年新年致辞中提出：

我们确定了以代表处系统部"铁三角"为基础的，轻装及能力综合化的海军陆战队式的作战队形，培育机会、发现机会并咬住机会，在小范围完成对合同获取、合同交付的作战组织以及对重大项目支持的规划与请求；地区部重装旅在一线的呼唤炮火的命令下，以高度专业化的能力，支持一线的项目成功。地区部是要集中一批专业精英，给前线的指挥官提供及时、有效、低成本的支持。

我们同时借用了美军参谋长联席会议的组织模式，提出了片区的改革方案。片区联席会议要用全球化的视野，完成战略的规划，并对战略实施进行组织与协调，灵活地调配全球资源对重大项目的支持。"蜂群"的迅速集结与撤离的一窝蜂战术，将会成为新一年工作的亮点，并以此推动各地区部、代表处、产品线、后方平台的进步。

三、平台组织建设

华为将面向客户运营、能够直接为客户创造价值的组织称为作战组织，其他为作战组织服务的组织称为职能支撑组织。

2017 年 8 月 21 日，任正非在华为规范职能组织权力工作组座谈会上指出："能产粮食、直接做事的组织是作战组织，不能直接产粮食、发文要求别人做事的就是职能组织。谁说自己不是职能组织，那就不允许你发号施令。你不发号施令，别人也能够产粮食，你就是多余组织。若你是职能组织，不发号施令，而影响了产粮食，就是失职。"

1998 年，《华为基本法》确认将公司的管理资源、研究资源等公共资源，按照职能专业化原则组织相应的部门，构成公司组织结构的主体，即平台组织。

2009 年，华为进一步明确后方平台组织的作用，就是及时、准确满足前方作战组织的需求，应根据前方作战组织的需要来建设后方平台组织。

2009 年 1 月 16 日，任正非在华为销服体系奋斗颁奖大会上提出：

我司正面临流程与组织整改的时机。我们已明确变革要以作战需求为中心，后方平台（包括设在前线的非直接作战部队）要及时、准确满足前线的需求。

平台的客户就是前方作战部队，作战部队不需要的，就是多余的。后方平台是以支持前方为中心，按需要多少支持来设立相应的组织，而且要提高后方业务的综合度，减少平台部门设置，减少内部协调，及时准确地服务前方。

前方要准确清晰地提出并输入需求，后方要能清楚准确地理解前方的需求，按需求提供支持。

2017 年，华为在总结经验基础上，进一步将平台组织划分为中央平台和前方平台，以更加有效地为业务差异化的作战组织提供支撑服务。

2017 年 8 月 7 日，任正非在《华为人力资源管理纲要 2.0》沟通会上提出：

中央平台同时要担当全球战略性决策的职能，负责战略洞察、整体战略制订及支持关键重大战役。同时担当集团能力中心，集中、吸收最好的一线经验、孵化能力，并为一线广泛赋能。

前方平台，根据不同国家、不同条件，跟随业务的差异化、区域的差异化而构建。差异化平台所承载的功能，由服务对象牵引平台功能的构建。可以在内外合规的条件下，作战方式更加灵活机动。

分权制衡下责任聚焦原则

为了适应业务多元化，华为按照"责任聚焦、分权制衡"的管理原则，逐步建立起了统治与分治并重、责权清晰、运作高效、监管有效的组织管理模式。

一、责任聚焦原则

华为坚持各级组织责任聚焦的原则，形成了统治与分治并重的分布式经营管理模式：高层以委员会为组织载体，拥有战略决定权和政策制定权；中基层以各级行政管理团队和办公会议为载体，拥有战略和政策执行权。

（一）高层管理组织

高层管理组织是华为的统治系统，掌握着战略洞察、边界与规则、关键干部、监管等责权，并拥有集团统治实施的管控、监督责权，以及集团能力支撑与服务职能。

1998 年，华为明确定义了华为高层管理组织的基本结构：公司执行委员会、高层管理委员会与公司职能部门，及其各自的管理职责，以支撑华为的快速发展。

《华为基本法》提出：

（高层管理组织）

第五十一条　高层管理组织的基本结构为三部分：公司执行委员会、高层管理委员会与公司职能部门。

公司的高层管理委员会有：战略规划委员会，人力资源委员会，财经管理委员会。

（高层管理职责）

第五十二条　公司执行委员会负责确定公司未来的使命、战略与目标，对公司重大问题进行决策，确保公司可持续成长。

高层管理委员会是由资深人员组成的咨询机构，负责拟制战略规划和基本政策，审议预算和重大投资项目，以及审核规划、基本政策和预算的执行结果。审议结果由总裁办公会议批准执行。

公司职能部门代表公司总裁对公司公共资源进行管理，对各事业部、子公司、业务部门进行指导和监控。公司职能部门应归口设立，以尽量避免多头领导现象。

高层管理任务应以项目形式予以落实。高层管理项目完成后，形成具体工作和制度，并入某职能部门的职责。

2018 年，华为进一步完善了高层管理组织的责任和权利，以更好地适应华为多元化业务发展的需求。

《华为人力资源管理纲要 2.0 总纲（公开讨论稿）》提出：

集团治理机构是统治的核心。掌握战略洞察、边界与规则、关键干部、监管等责权，把控集团的共同价值。

集团职能部门构成中央平台，是统治的抓手，拥有集团统治实施的管控、监督责权以及集团能力支撑与服务职能，一方面协助集团实施统治和必要的全球作战指挥（全球战略制订、关键重大战役支持），另一方面建设集团各业务发展所需的共性资源与能力。中央平台的管控监督责任与支撑服务的职能未来逐步分离。

（二）中基层组织管理

华为各业务单元是相对自主经营与发展的分治系统，以各级行政管理团队和办公会议为载体，拥有战略和政策执行权，并具有相应业务战略决策、作战指挥等作战权力，以及组织内一定层级以下组织 / 干部 / 人员管理权，在业务范围边界内，以内外合规为底线，以多打粮食、增加土地肥力为目的，承担业务经营与日常管理责任。

早在 1998 年，华为就已经确定了委员会民主决策、部门首长办公会议集体管理的原则。

业务管理团队（ST）由组织常设部门一把手来共同形成，通过办公例会进行行务实管理，包括组织结构调整、运营管理、质量分析、经营分析等，遵循权威管理原则。

行政管理团队（AT）由从 ST 中选拔的在人员管理方面具有比较强的能力、具有丰富经验的人来组成，并进行干部任用和员工激励等务虚管理，遵循民主决策原则。

1998 年，任正非在《华为的红旗到底能打多久》一文中提出：

我们有务虚和务实两套领导班子，只有少数高层才是务虚的班子，基层都是务实的，不能务虚。

务虚的人干四件事，一是目标，二是措施，三是评议和挑选干部，四是监督控制；务实的人首先要贯彻执行目标，调动利用资源，考核评定干部，将人力资源变成物质财富。

务虚是开放的务虚，大家都可畅所欲言，然后进行归纳，所以务虚贯彻的是委员会民主决策制度，务实是贯彻部门首长办公会议的权威管理制度。

2018 年 12 月 17 日，华为发布的《合同在代表处审结的试点方向与改革要点（试行）》明确了代表处业务管理方式的改进方向，持续完善分治系统管理模式。

试点代表处主要采用三个业务会议和一个 AT 会议进行日常管理。

第一，作战指挥会议。代表处各 BG 业务部的作战会议按需召开，实行作战 CEO 负责制。

第二，平台协调会议。促进各职能模块工作步调一致，解决日常的作战支持和合规管理问题；沿着财务目标协调后方平台，提升平台支撑的效率与效益，实行代表处 CFO 协调制。

第三，代表处经营管理会议。进行具有业务价值的互助与协同事项管理，如品牌协同、渠道协同、Marketing 协同、客户关系共享等。对于各作战部日常业务指挥给予更多授权，实行代表处 CEO 负责制。

第四，代表处 AT 会议。负责人才评议、干部和激励管理，实行集体决策制。

第五，代表处经营管理会议与代表处 AT 会议可以采用一次会议分段审议的模式合并进行，但应遵从不同的与会人员范围与决策规则。

二、分权制衡原则

华为坚持责任聚焦组织原则的同时，遵循分权制衡的组织原则，构建起了三层防线的监管体系，以确保在内外合规的基础上，多打粮食、增加土地肥力。

（一）权力结构的演变

华为采用"横向分权，纵向授权"的权力结构，逐步建立起了统治与分治并重的分布式管理体系，统治系统各机构间是分权制衡关系，统治系统与分治系统间是授权与监管关系。

2009年，随着业务范围的不断拓展，华为启动了由中央集权向分权制衡过渡的组织变革：沿着流程授权、行权、监管，来实现权力的下放，以摆脱中央集权的效率低下、机构臃肿的状态，实现客户需求驱动的流程化组织建设目标。

任正非在华为2010年新年致辞中提出："我们在这困难的一年，同步展开了组织结构及人力资源机制的改革。改革的宗旨是，从过去的集权管理，过渡到分权制衡管理，让一线拥有更多的决策权，以适应情况千变万化中的及时决策。这种让听得见炮声的人来呼唤炮火，已让绝大多数华为人理解并付诸行动。"

2019年，华为已经建立起了比较完善的分层次治理机构，每层治理机构既责任聚焦明确又分权制衡，以避免权力过于集中或者因不受约束而被滥用，实现分权、共进、制衡，使权力闭合循环，并在循环中科学更替。

2019 年 3 月 30 日，任正非在华为第四届持股员工代表会上提出：

治理章程确定了公司未来治理体系的顶层架构。治理章程实现了顶层架构的分权、共进、制衡。各治理机构权责聚焦明确，但又分权制衡，避免权力过于集中、因不受约束而被滥用。

核心精英群体维护公司长远利益，掌握治理领袖的选拔；董事会"任人唯贤"，带领公司前进；监事会"任人唯忠"，对董事和高管的忠实勤勉履责予以监督。

权力在闭合中循环，在循环中科学更替。

（二）监管体系的建立

华为基于"信任不等于不要监督、监督也不等于不信任"的理念，坚持权力向贴近客户的团队前移的同时，将监管前移并建立起了内部控制三层防线，确保在内外合规基础上，多打粮食、增加土地肥力。

2016 年 12 月 1 日，任正非在华为监管体系座谈会上发表题为《内外合规多打粮，保驾护航赢未来》的讲话，提出：

公司发展得越快，管理覆盖就越不足，暂时的漏洞也会越多，因此，我们设置了内部控制的三层防线。

第一层防线是流程 OWNER 与业务主管，是内控的第一责任人，在流程中建立内控意识和能力，不仅要做到流程的环节遵从，还要做到流程的实质遵从。流程的实质遵从，就是行权质量。落实流程责任制，流程 OWNER 与业务主管要真正承担内控和风险监管的责任，95% 的风险要在流程化作业中解决。业务主管必须具备两个能力，一个能力是创造价值，另一个能力就是做好内控。

第二层防线是内控及风险监管的行业部门，针对跨流程、跨领域的高风险事项进行拉通管理，既要负责方法论的建设及推广，也要做好各个层级的赋能。稽查体系聚焦事中，是业务主管的帮手，不要越俎代庖，业务主管仍是管理的责任人，稽查体系是要帮助业务主管成熟地管理好自己的业务，发现问题、推动问题改进、有效闭环问题。稽查和内控的作用是在帮助业务完成流程化作业的过程中实现监管。内控的责任不是在稽查部，也不是在内控部，这点一定要明确。

第三层防线是内部审计部，是司法部队，通过独立评估和事后调查建立冷威慑。审计抓住一个缝子，不依不饶地深查到底，旁边碰到有大问题也暂时不管，沿着这个小问题把风险查清、查透。一个是纵向的，一个是横向的，没有规律，不按大小来排队，抓住什么就查什么，这样建立冷威慑。冷威慑，就是让大家都不要做坏事，也不敢做坏事。

流程化组织协同共进机制

华为在建设流程化组织、协同组织努力方向的同时，还建立起了"弹性投入、考核促产、协同共进"的管理机制，提供组织持续努力的动力。

一、建设流程化组织

2003 年，华为认识到企业管理的目标是流程化组织建设，坚持 IPD、ISC 的流程化组织建设，坚决按流程来确定责任、权力，以及角色设计；确保要做的事，从输入到输出，直接端到端，简洁并控制有效地连通，尽可能地减少层级，使得营运成本最低、营运效率最高。

2009 年，华为肯定了面向客户"铁三角"作战单元的作用，通过做厚客户界面，强化了流程化组织中"以客户为中心"的龙头导向作用。

2013 年，华为通过三大业务流程变革：支撑客户经理的线索到现金（LTC）流程、支撑解决方案专家的集成产品开发（IPD）流程，支撑交付经理的集成供应链（ISC）流程，初步建立起了流程化组织，并持续改进完善，为协同共进提供了有力保证。

2013 年 12 月 30 日，任正非在华为年度干部工作会议上指出："公司现在的'铁三角'，就是通过公司的平台，及时准确、有效地完成了一系列调节，调动了力量。今天我们的销售、交付、服务、财务，不都是这样远程支援的吗？前线铁三角，概算、投标、交付、财务……不是孤立一人在作战，而是后方数百人在网络平台上给予支持。"

二、考核导向协同共创

华为在建设流程化组织的同时，逐步建立起了"弹性投入、考核促产、协同共进"的管理机制，以促进协同作战多打粮食、增加土地肥力。

（一）弹性预算系统

华为逐步探索并形成了分灶吃饭、自我约束的组织规模弹性管控机制，不断提升组织效率，防范人力刚性风险，实现人力规模增长低于业务规模增长的目标。

2004 年，华为开始建立弹性的计划与预算机制，推动以相对值为考核杠杆的滚动预算模式，逐步在各责任中心建立起自我约束与自我调整的预算责任体系。

2004 年 4 月 28 日，任正非在广东省委中心组"广东学习论坛"报告会上做专题报告《华为的愿景、使命、价值观》，提出："通过'计划—预算—核算—分析—监控—责任考核'闭环的弹性预算体系，以有效、快速、准确、安全的服务业务流程，利用高层绩效考核的宏观牵引，促进公司经营目标的实现。"

2014 年，华为在持续积累弹性预算管理经验基础上，要求预算能够随着效益的增减而自动地增减，以减少不必要的资源浪费，促进实现经营目标。

2014 年 4 月 13 日，任正非在华为心声社区发表文章《战略机会点也要在薄利的基础上》时提出：

弹性预算管理要拿出经验来。比如你们现在计划增长了，效益增长了，人要去批，薪酬要去批，都要去批，那还如何弹性？你做大了，各项费用自然就跟上来了，就有条件自主去经营。但你业绩下滑了，就赶快去减预算。

短时间节约不出来，可以理解，就是借我的钱，你用三年滚动周期还给我。现在我们的预算就是弹性不了，原因是财务大一统的管理，而不是授权到下面的管理。

（二）考核促产机制

华为在流程化组织基础上，建立起组织绩效结果与组织激励分配挂钩的机制，以促进业务目标的完成，导向持续提升与改进。

一方面，华为通过绩效考核目标牵引面向客户运营的作战组织，在内外合规基础上"多打粮食""增加土地肥力"。

另一方面，华为将后方管理平台的绩效考核权交给作战组织，引导后方管理平台更好地为作战组织服务，支撑作战组织"多产粮食""增加土壤肥力"。

2013 年 1 月 14 日，任正非在华为表彰会上提出：

要逐步将后方管理平台从管控向服务、支持、监管转变，胜则举杯相庆，败则拼死相救，应成为他们的至理名言。

后方管理平台的考核，首长只能进行批评、指导，表扬则不能计入成绩，即首长只能做减法，他们的表扬、考核计分，主要来自他们服务的对象，他们的绩效应主要由其服务对象来评价。

小结

华为坚持"客户与战略决定组织"的组织管理理念，建立起了强大的组织平台，高效地支撑"以客户为中心"的三维度协同作战模式；坚持分权制衡原则，确保各级管理组织在责任聚焦基础上，构成有机统一的整体；建设流程化组织，固化了各组织之间的相互关系，通过考核机制促进各组织的协同共进。

华为逐步推动了有效监管下的经营重心前移，构建起了聚焦客户、灵活敏捷、协同共进的高效率组织，成为华为商业成功与持续发展的重要创造要素。

第 2 节
创造要素管理体系之干部篇

《华为人力资源管理纲要 2.0 总纲（公开讨论稿）》是这样描述的："确立'干部是自己打出来'的干部选拔理念，形成了在成功实践中选拔干部、在关键事件中考察干部、在战斗中磨砺干部的干部管理机制，打造了一支具有高度使命感和责任感，敢于担当、勇于牺牲，能引领组织前行的'火车头'队伍。"

华为基于干部的使命责任，持续完善了干部的标准要求，不断改进干部管理机制，打造出了一支敢战、善战、打胜仗的干部队伍，是华为商业成功和持续发展的重要创造要素。

干部使命责任

华为明确干部队伍始终是引领组织前行的火车头，需要承担三个方面的使命与责任：第一，干部担负着业务发展的责任，通过聚焦客户需求，实施战斗、战役或战争的指挥与决策，抓好本组织业务的有效增长；第二，干部负责所属组织的能力建设，以及作战队伍的有效激励与持续发展；第三，干部在各自组织中，负有传承华为核心价值观、塑造积极奋进文化的使命。

一、业务有效增长

华为认为干部首要的使命责任就是能够带领团队实现组织目标，在内外合规基础上，多打粮食、增加土地肥力。

2000 年，华为明确了职业管理者的责任与使命，就是为了完成组织目标而奋斗。

2000 年 3 月 20 日，任正非在《华为人》发表文章《一个职业管理者的责任和使命》，文章指出："一个职业管理者的社会责任（狭义）与历史使命，就是为了完成组织目标而奋斗。以组织目标的完成为责任，缩短实现组织目标的时间，节约实现组织目标的资源，就是一个管理者的职业素养与成就。"

华为将面向客户运营、能够直接为客户创造价值的组织称为作战组织，其他为作战组织服务的组织称为职能支撑组织。代表处和业务 BG 等作战组织的目标，是在内外合规基础上，多打粮食、增加土地肥力；人力资源、财经、公司战略等职能支撑组织的目标，则是为作战组织提供服务，支持作战组织实现业务目标。

华为代表处业务目标，"多产粮食"部分占 50% 至 70% 的权重，"增加土地肥力"部分占 30% 至 50% 的权重，内外合规性则作为扣分项进行考核。

二、组织能力建设

华为认为干部在带领团队实现当期组织目标之外，还应负责组织能力建设，以确保能够持续地实现组织目标、支撑业务有效地持续增长；组织能力建设主要包括建设流程化组织和激励发展人才团队这两个方面的工作。

（一）建设流程化组织

组织能力建设的首要任务是建设流程化组织：明确组织在上级流程中的位置与作用，持续完善组织内部工作流程，使得流程从输入到输出能够简洁并控制有效地连通；按照流程优化组织结构，确定组织中角色的责任和权力，能够成本最低、效率最高地实现组织绩效目标。

（二）激励发展人才团队

组织能力建设还需要在建设流程化组织基础上，激励发展能够匹配流程化组织的人才团队，并创造一种自我激励、自我约束和促进优秀人才脱颖而出的考核机制，在组织中营造出高绩效文化，确保流程能够高效运行，持续实现组织绩效目标。

2003 年 5 月 25 日，任正非在《管理优化报》上发表文章《在理性与平实中存活》，文章提出：

每个领导者也要学会领导方法，去创造环境，让人家奋斗，看到部属的成功就是你最大的成功。

考核是考不走优秀员工的，优秀员工一时受主客观的因素，暂时遭受挫折，但他们经过努力终究会再起来的。同时，要坚持员工聘用合同制，一部分员工已经不太适合这些岗位了，我们应该有新陈代谢。我们也要从完成任务好的员工的一些关键事件过程行为考查中，发现优秀的干部苗子，给予机会以培养。我们考核的文化，要走向高绩效文化。

三、塑造奋进文化

华为要求干部在确保业务有效增长、加强组织能力建设的同时，还要传承华为核心价值观。在深刻理解核心价值观的基础上，以身作则带头践行核心价值观，塑造出积极的奋进文化，以确保组织的长治久安和持续发展。

2004 年 4 月 28 日，任正非在广东省委中心组"广东学习论坛"报告会上做专题报告《华为的愿景、使命、价值观》时提出：

大家越来越明白，促使核动力、油动力、煤动力、电动力、沼气动力……一同努力的源是企业的核心价值观。这些核心价值观要被接班人所确认，同时接班人要有自我批判能力。接班人是用核心价值观约束、塑造出来的，这样才能使企业长治久安。

接班人是广义的，不是高层领导下台就产生个接班人。而是每时每刻都在发生的过程，每件事、每个岗位、每条流程都有这种交替行为。改进、改良、不断优化的行为。我们要使各个岗位都有接班人，接班人都要承认这个核心价值观。

干部标准要求

华为在长期的干部管理探索中，基于干部应承担的使命与责任，逐步形成了清晰、完整的干部标准与要求，以牵引干部队伍的自我约束和自我提升。

《华为人力资源管理纲要 2.0 总纲（公开讨论稿）》指出："干部标准中，遵从公司规则和 BCG 管理等品德要求是底线、认同与践行核心价值观是基础、具有高于同层同类员工绩效的贡献表现是必要条件和分水岭、拥有与岗位相关的业务能力与经验积累是关键成功要素。"

一、品德要求是底线

华为坚持：遵守公司规则以及员工商业行为准则，是华为员工成为干部的入门条件，违规则被一票否决。

2003 年，华为明确提出：在选拔中高层干部过程中，要把干部个人品德看成高于一切。

2003 年 5 月 25 日，任正非在《管理优化报》上发表文章《在理性与平实中存活》，文章提出："在选拔中高层干部过程中，要把干部个人品德看成高于一切：遵守纪律，有高的道德情操，忠于公司、忠于集体利益才是我们选拔的重要基础，而不能唯才是举，不能唯才选择。以后在任职资格审查中，要加进去一条，干部的思想道德品质的自我鉴定，以及组织审议。"

2007 年，华为进一步认识到：团队的领导者是团队道德品质的榜样，将影响到整个团队的价值观，因此品德将作为评价与选拔干部的基本否决条件。

2007 年，任正非在《我们需要什么样的干部》中提出："团队的领导者是团队道德品质的榜样，影响整个团队的价值观。以权谋私、生活腐化、对公司发牢骚、讲怪话都应作为评价与选拔干部时的基本否决条件，不满足上述条件的人不能进入干部队伍；违反了上述条件的在岗干部也需主动反省与改正，否则不可能得到进一步的培养与提拔。团队领导者必须自律，不能律己，何以服人？要管好团队，先管好自己。"

二、核心价值观是基础

华为要求干部必须认同、践行公司的核心价值观，并具有自我批判的能力。

2004 年 4 月 28 日，任正非在广东省委中心组"广东学习论坛"报告会上做专题报告《华为的愿景、使命、价值观》时提出：

干部培养选拔的原则，一是要认同华为的核心价值观，二是具有自我批判的能力。

在国际化的发展过程中，我们提倡在"上甘岭"培养各级干部。要把那些具有高尚的道德情操，脱离低级趣味的员工；对公司忠诚，有强烈的责任心、使命感、敬业精神，视客户为衣食父母的员工；有良好任职能力和高绩效表现的员工；敢到艰苦地区去，敢于吃苦耐劳，勇于承担责任的员工，选拔到公司干部队伍中来。

三、绩效表现是必要条件

华为明确规定：只有在同层、同类员工中，绩效贡献处于前 25%的员工，才可以获得干部晋升的资格。

2004 年，华为提出干部政策"三优先、三鼓励"原则，强调绩效表现是华为选拔干部的必要条件，鼓励员工迎接机会和挑战，努力做出绩效贡献。

华为干部政策"三优先"是指：

优先从优秀团队中选拔干部，出成绩的团队，要出干部，连续不能实现管理目标的主管要免职，主管被免职的部门的副职不能提为正职；

优先选拔责任结果好、在一线和海外艰苦地区工作的员工进入干部后备队伍培养；

优先选拔责任结果好、有自我批判精神、有领袖风范的干部担任各级一把手，这个领袖风范包含四个方面，就是清醒的目标方向、实现目标的管理节奏、高的素质和团队感召力。

华为干部政策"三鼓励"是指：

鼓励机关干部到一线，特别是海外一线和海外艰苦地区工作，奖励向一线倾斜，奖励大幅度向海外艰苦地区倾斜；

鼓励专家型人才进入技术和业务专家职业发展通道；

鼓励华为干部向国际化、职业化转变。

2014年，华为进一步明确：绩效贡献既包括短期的贡献——盈利，又包括长期的贡献——战略贡献，做出战略贡献是华为提拔干部的必要条件，以支撑华为的可持续发展。

2014年5月9日，任正非在华为拉美及大T系统部、运营商BG工作会议上指出："我们一定要坚持从战略贡献中选拔出各级优秀干部。干部获得提拔的充分必要条件，一是要能使所在部门盈利，二是要有战略贡献。如果你不能使这个代表处产生盈利，我们就对你末位淘汰；如果你有盈利，但没有作出战略贡献，我们也不会提拔你。"

四、能力与经验是关键

在品德要求、核心价值观和绩效表现的基础上，华为坚持拥有与岗位相关的业务能力与经验积累，是干部能够成功的关键要素。

（一）岗位业务能力

在长期人力资源管理实践中，华为总结出的干部能力标准包括决断力、执行力、理解力和连接力，合计十项标准。

第一，决断力。包括战略洞察、战略决断等两项标准。干部不仅要看得远、看得准，能够在混沌中找到方向，而且要敢于决策、勇于担当，一心一意打仗、一直盯着胜利。

2017 年 9 月 12 日，任正非在华为英国代表处提出：

主官就是一直盯着胜利。我们要加强干部的战略洞察能力、决断能力、自我牺牲精神的培养。这次向满广志学习，向坤山学习，向梁山广和孔令贤学习，为什么？其实我们这个队伍，有成千上万这样的人。

过去三十年，我们积累了一大批优秀的、执行力很强、客户沟通和亲和能力很强的干部，一定要在战略洞察上加强成长。

第二，执行力。包括责任结果导向、组织能力建设、激励与发展团队三项标准。干部需要将坚定不移的方向与灵活机动的战略战术有机地结合起来，坚持责任结果导向，加强组织能力建设，善待员工建立起团结奋战的群体，充分发挥员工的主观能动性与创造精神。

2016 年 1 月 13 日，任正非在华为市场工作大会上发表讲话《决胜取决于坚如磐石的信念，信念来自专注》时提出：

我们要坚定不移地在主航道上奋勇前进，面对目标我们也要有灵活机动的战略战术。一线主官的目标是胜利，是以责任结果评价你们，而不是像士兵一样的以简单的服从为天职。

时代呼唤我们，我们要用自己的青春去创造奇迹。一旦战略方向及布局确定后，我们要坚定不移向前进，决不动摇，毫不犹豫。

第三，理解力。包括系统性思维、妥协与灰度两项标准。干部需要在理解复杂流程与组织的基础上，领悟妥协的艺术，保持开放的心态，达到灰度的境界，才能够在正确的道路上走得更远、走得更扎实。

2008 年 7 月 5 日，任正非在华为 PSST 体系干部大会上提出："在最近的人力资源管理纲要研讨会上，我讲了要深刻理解客户，深刻理解供应伙伴，深刻理解竞争对手，深刻理解部门之间的相互关系，深刻理解人与人之间的关系，懂得开放、妥协、灰度。"

第四，连接力。包括建立客户与伙伴关系、协作能力、跨文化融合三项标准。干部应该把困难留给自己，把利益和方便多让一些给别人。对外，重视广泛的对等合作和建立战略伙伴关系；对内，加强跨文化融合，提高协作效率，团结一切可以团结的人，促进公司可持续发展。

2010 年 7 月 15 日，任正非在《华为人力资源管理纲要》第一次研讨会上提出：

我们的高级干部一定要克服自己的贪婪，管理好自己的欲望，特别是组织欲望，那样就没有什么摆不平的内外矛盾。

为什么客户这么喜欢我们？因为我们二十多年信奉深淘滩、低作堰的真理，这条真理指导我们处理客户关系，改善商业生态环境，改善内部关系……坚持诚信对待客户，我们实际上获得了最大的收益。我们的奋斗，主观上是为了客户，因为我们一切工作的出发点，就是为了客户，最后的收益是我们客观获得生存。

当一个领导不把功劳归于自己，能够公正评价属下与协作部门的贡献时，就一定会焕发出群体巨大的力量，难道还有什么不能胜利的吗？其结果最大的受益者反而是你，这就是"无私是最大的自私"。

基于干部能力标准，华为选拔干部时并不要求面面俱到、十项全能，而是以岗位相关能力为主、其他能力为辅，从实用出发，达到适用的目的。

第一，不同层级干部的能力要求。基层干部要有执行力和战斗意志；中层干部要有理解力和战役管控能力；高级干部要有较强的决断力和较好的连接力，把握好方向并控制好节奏。

2016 年 1 月 13 日，任正非在华为市场工作大会上发表讲话《决胜取决于坚如磐石的信念，信念来自专注》时提出：

基层干部我们要重视他们的意志力、毅力的培养与选拔，他们努力奋斗，一时成绩不佳，要帮助、辅导；

中、高级干部是重视他们的组织能力与协调能力，要学会激活整个组织，充分利用平台，学习别人的经验；

高级干部要培养他们的方向感与节奏控制。方向是什么？方向就是面对目标的位置。节奏是什么？审时度势，因势利导，就是灰度。

第二，作战主官与平台主官的能力要求。作战主官关注的是胜利，对不确定性的事情承担决策责任；平台主官的责任是为作战主官提供及时、准确的服务与支持，对确定性事情承担责任、提高运作效率。

2016 年 1 月 13 日，任正非在华为市场工作大会上发表讲话《决胜取决于坚如磐石的信念，信念来自专注》时提出："一切作战主官，关注的是胜利，要把确定性的事权，分给职能部门；一切平台主官，眼睛应是盯着前线，驱使自己的部门，及时、准确提供服务与支持，你们的考核是你们服务事项的结果。前方打了败仗，你也是败将。"

第三，正职与副职的能力要求。正职必须要有战略洞察能力与战略决断力，在清晰地理解公司的战略方向、周密进行工作策划基础上，能够带领团队敢于进攻、不断地实现新的突破；副职要精于管理，注重组织能力建设，能够激励与发展团队、强化责任结果导向，与正职形成良好配合，实现组织意图。

关于正职的能力与要求，任正非提到五点：

第一，正职必须要有战略洞察能力与战斗的决断力，要敢于进攻。文质彬彬、温良恭俭让、事无巨细、眉毛胡子一把抓，而且越抓越细的人是不适合做正职的。关键在行动。

第二，正职必须清晰地理解公司的战略方向，对工作有周密的策划。有清晰方向与严密的组织并不矛盾。

第三，有决心，有意志，有毅力，富于自我牺牲精神。

第四，能带领团队，不断地实现新的突破。这就是狼的标准，而不是孤胆英雄。

第五，评价正职时，不一定要以战利品来评价。应对其关键事件过程行为中体现出的领袖色彩给予关注。

关于副职的能力与要求，任正非提到三点：

第一，副职至少要精于管理，大大咧咧的人，不适合做副职。

第二，副职一定通过精细化管理，撕开口子后，要能精耕细作，守得住，具备正确的执行力，来实施组织意图，这就是狈的行为。

第三，副职的责任承担者要逐步地由具有成功实践经验的职业经理人来担任。

（二）岗位经验积累

华为强调"猛将必发于卒伍，宰相必起于州郡"，要求一般干部要有成功实践经验，承担全球责任的干部还要有海外成功经验，高层管理更要有跨领域成功经验。

1996 年，华为提出干部要有相关专业与业务实践经验：没有基层工作经验的人，不能担任科以上干部；没有周边工作经验的人，不能担任部门主管。

1996 年 6 月 30 日，任正非在华为市场庆功及科研成果表彰大会上发表讲话《再论反骄破满，在思想上艰苦奋斗》时提出："为了实现优化管理，我们一定要实行干部参加实践，没有管辖基层工作经验的员工，不能担任科以上干部。没有与部门相关专业与业务实践经验的员工，不能担任部门经理。即使经考选进入负责层的干部，不继续深入实践，也可能会被免职。"

2017 年，华为强调选拔高层领导，要遵循"猛将必发于卒伍，宰相必起于州郡"的原则，要看有无基层和一线成功的工作经验。

2017 年 4 月，任正非在哈佛商学院全球高管论坛上演讲时提出："我们对高层领导的选拔，遵循'猛将必发于卒伍，宰相必取于州郡'的原则。我们对高层领导的选拔，要看其是否有基层和一线工作经验，是否在一线和艰苦地区工作过并有过良好的表现，是否有在业务单位独当一面的任职经历并取得过优秀业绩。"

干部管理机制

华为建立起在成功实践中选拔干部、在关键事件中考察干部、在业务实战中磨砺干部的干部管理机制。敢于选拔并大力培养低职级的优秀高潜员工，也敢于淘汰不作为的高职级干部，打造出了一支"富有高度使命感与责任感，具有战略洞察能力与决断力、战役的管控能力，崇尚战斗意志、自我牺牲和求真务实精神"的干部队伍。

一、干部的选拔

华为坚持认为：将军是打出来的，必须"多产粮食"才能拿高工资，"多产粮食"才能当将军；干部是选拔出来的而不是培养出来的，干部选拔的标准——品德、核心价值观和绩效表现——都不是培养出来的，而是在实际工作中磨炼并展现出来的。

华为的干部选拔，包括了资格认证、全面考察、任前公示、干部任命、适应期转正、任期考核制等程序，并实施建议权与建议否决权、评议权与审核权、否决权与弹劾权的"三权分立"制衡制度，不断地把合格的干部选出，把不合格的干部挡住或剔除，始终保持干部队伍的战斗力。

第一，建议权与建议否决权。在矩阵型组织结构里，负责员工日常行政管辖的部门具有建议权，由具有丰富管理经验人员组成的行政管理团队来行使建议权，实行少数服从多数的表决制；面向客户的流程化组织具有建议否决权，以保证相对的平衡。如研发人员所在研发部门具有建议权，而他所参加的产品开发团队具有建议否决权。

第二，评议权与审核权。人力资源系统具有评议权，一般是华为内部培训班结合员工的训战表现来进行评议，让有成功经验的员工，通过后备队的培养、筛选，能够走上各级管理岗位；员工所在部门的上一级行政管辖组织具有审核权，下级行政组织的推荐意见、华为内部培训班的评议结果，都将作为进行干部审核的参考依据。

第三，否决权与弹劾权。党委或道德遵从委员会具有否决权和弹劾权，在干部选拔任命的过程中间行使否决权，通过否决权的过滤作用，选出优秀的干部；在干部日常管理的过程中间行使弹劾权，通过弹劾权将在选拔任命过程中遗漏的、不合格的干部再否决；否决权和弹劾权必须要有事实依据，查实问题之后才可以行使否决权和弹劾权。

二、干部的培养

华为在坚持干部是选拔出来的同时，也并不排斥对干部的培养。对选拔上岗的干部进行重点培养，有针对性地在经验和能力方面查漏补缺，能够加快干部成长的速度，更好地适应华为发展的需要。

（一）干部经验的积累

华为认为干部经验的积累应来自工作实践，坚持从有成功实践经验的员工中选拔干部，推动优秀的、有视野的、意志坚强的、品格好的干部，走上"之"字形成长的道路。轮流地经过市场、研发、服务、生产、交付、财务等不同业务领域，以及国内与国外、发达地区与艰苦地区等不同区域的实战锻炼，帮助干部更好地熟悉基层业务和周边业务，培养出大量的将帅团队。

2009 年 8 月 27 日，任正非与华为核心工程队相关人员进行座谈会时提出：

我们会把各个部门中基层的优秀干部以及将来有可能提拔起来的人，安排进入到核心工程队中与大家一起协同作战，使他们率先进入人生的"之"字形成长道路。

过去我们的干部都是"直线"型成长，对于横向的业务什么都不明白，所以，现在我们要加快干部的"之"字形发展，就要从新提拔的基层干部开始采用这种模式。

我们强调"猛将必发于卒伍，宰相必起于州郡"。当然我们是优先从这些实践人员选拔，今天我们同时将各部门一些优秀的苗子，放到最艰苦地区，最艰苦岗位去磨炼意志，放到最复杂、最困难的环境，锻炼他们的能力，促进他们的成长，加强组织的选拔。

（二）干部能力的培养

华为干部能力培养是采用训战赋能的模式：培训和实际作战时所使用的流程、表格、代码、标识符、格式等都要完全一致，干部培训回去后拿着表格就会管理；坚持实践到理论、理论到实践的循环教育，提升实战能力，加快干部循环成长。

2014 年 4 月 24 日，任正非在华为心声社区发表文章《真正的英雄都是从本职工作成长起来的》，提出：

现代化作战要训战结合，干部要有基层实践经验为任职资格，"猛将必发于卒伍，宰相必起于州郡"。

与过去时代不同，这个时代需要现代化武装才能上战场。用短期赋能的方式来指导你们，华为内部培训班给了你们一大堆表格，告诉你们如何使用这些表格、如何指挥现代化作战。这些内容已经过了时间检验，有一定的参考意义。

当然，不是赋能了就自然会作战，而是看你们自己的理解。没有实践支持，不能理解这些理论；没有理论基础，不可能深刻感受实践。

三、干部的管理

华为采用的是使用权与管理权相分离的干部管理制度，主要包括干部流动管理、任期责任制和末位淘汰制三个方面的内容。

（一）干部流动管理

华为大力促进干部按需流动，有序引导优秀干部奔赴新机会，做出新贡献：一方面，可以帮助干部拓宽视野、丰富经验、完善技能，胜任管理规模庞大、高度复杂的业务；另一方面，能够打破干部队伍板结，进一步激发组织活力，有效地支撑华为的可持续发展。

《华为人力资源管理纲要 2.0 总纲（公开讨论稿）》指出：

干部按业务要求实现有序流动是公司打破干部队伍板结的成功实践，也是公司加快干部队伍能力建设的战略手段，要用干部流动的"点调动"带动队伍建设的"满盘活"。

针对各类经营、研发和职能管理的高层重要责任岗位，要建立与健全相应的干部任期、继任和跨域流动管理机制，既要让主要担责干部在岗位具有稳定贡献的周期，也要有序促进优秀高层干部跨体系横向流动，以拓展更宽的业务视野、增强业务的洞察能力。

要在干部"能上能下"基础上，通过制定政策、树立标杆、营造氛围，促进机关与一线中基层干部间日常的垂直型作战循环流动，以增强一线的实际作战管理能力，提升干部面对变化业务的管理技能。

（二）任期责任制

华为坚持责任结果导向的考核机制，各级干部要实行任期制、目标责任制，述职报告通不过的干部要免职、降职，要实行各级负责干部问责制。

2004 年 1 月 15 日，任正非在华为干部工作会议上发表讲话《改变竞争格局的四大法宝》时提出：

我们的干部不是终身制，高级干部也要能上能下。在任期届满，干部要通过自己的述职报告，以及下一阶段的任职申请，接受组织与群众评议，重新讨论薪酬。

一人说："我很努力，工作也做得不错，思想品德也好，为什么我不能继续任职？"因为标准是与时俱进的，已经有许多比你进步快的人，为了公司的生存发展，你不一定能保持职务。大家要学学刻舟求剑的故事，不可能按过去的标准，找当官的感觉。长江一浪推一浪，没有新陈代谢就没有生命，必要的淘汰是需要的。任期制就是一种温和的方式。我们坚持责任结果导向的考评制度，对达不到任职目标的，要实行降职、免职，以及辞退的处分。

市场的竞争会更加激烈，公司不可能是常胜将军，我们无力袒护臃肿的机构，以及不称职的干部。我们必须以责任制来淘汰、选拔干部。完成任务好的部门，出成绩也要出干部。

（三）末位淘汰制

华为坚持干部考核与末位淘汰制度：一方面，可以形成挤压、逼迫，产生出来更多的将军；另一方面，能够激活源源不断的干部后备资源，建立起良性循环的新陈代谢机制，充分地激发组织活力。

2004年4月28日，任正非在广东省委中心组"广东学习论坛"报告会上做专题报告《华为的愿景、使命、价值观》时提出：

就干部考核机制来讲，我们有三个方面：

一是责任结果导向、关键事件过程行为评价考核机制；

二是基于公司战略分层分级述职，也就是PBC（个人绩效承诺）承诺和末位淘汰的绩效管理机制；

三是基于各级职位按任职资格标准认证的技术、业务专家晋升机制。

小结

　　华为干部管理是华为商业成功和持续发展的重要创造要素，其经验可以概括为三点：第一，明确干部的使命责任，带领团队持续地打胜仗，带头践行并传承核心价值观；第二，坚持干部的标准要求，品德要求是底线，核心价值观是基础，绩效表现是必要条件，能力与经验是关键；第三，完善干部的管理机制，将军是在实战中打出来的，同时经验的积累与能力的培养能够加速干部的成长，合理的流动与末位淘汰制则是激励干部持续奋斗、激发组织活力的有效措施。

第 3 节
创造要素管理体系之人才篇

《华为人力资源管理纲要 2.0 总纲（公开讨论稿）》是这样描述的："确立了'人力资本不断增值的目标优先于财务增值的目标'的人才管理理念，初步形成广纳天下英才、促进优才涌现、鼓励在岗钻研、尊重人才但不迁就人才的人才管理机制，建设了一支努力创造、专业精深、支撑公司业务发展与技术进步的专业力量。"

华为认为对人才进行有效的管理是企业的核心竞争力，而人才管理的关键在于：坚持努力奋斗的优秀人才是公司价值创造之源，建立并不断改进外部优才汇聚、内部英才辈出的人才需求与获取机制；基于人性的欲望，健全并不断完善尊重人才以激发其雄心、约束人才以遏制其野心的人才管理制度，以建设匹配业务、结构合理、专业精深、富有创造活力的人才队伍。

关于人的欲望层次，任正非说道：

越是智力层面高的人，领袖欲望、野心的张力越强大。怎么能够把这些人人要出人头地、人人要做领袖、人人想拥有权力的人凝聚在一起？公司的价值评价和价值分配体系至关重要。

当这些人的权力，跟他的欲望、雄心、野心相称的时候，他自然愿意在这样一个平台去发挥自己的才能，发挥自己的智慧。组织说到底就是要张扬队伍中每个人的雄心，同时又要遏制过度的野心。张扬雄心、遏制野心是所有管理者每时每刻都要面对的问题。

人才需求与获取规划

人才需求与人才获取规划是进行人才管理的前提条件，其任务是确定在企业业务发展的不同阶段，分别需要什么样的人才、需要多少人才，以及不同的人才应从什么地方来、如何有效地引进等事项。

一、人才需求规划

华为持续做好各类人才队伍数量、质量和结构的规划，以适应不同业务当前及未来的发展需求。

（一）匹配业务实质

华为认为：人才规划要匹配不同业务特点、业务不同发展阶段需求，以及不同责任贡献的团队特点，针对性地打造适用的人才团队。

《华为人力资源管理纲要 2.0 总纲（公开讨论稿）》提出：

人才规划匹配不同业务特点：以创新优势获胜的业务，要侧重构建好领军人才加精兵式的队伍；以规模成本获胜的业务，要侧重构建蚂蚁雄兵式的低运作成本队伍，并积极、有序地采用自动化、数字化、智能化技术对部分岗位上人才队伍的替代。

人才规划要匹配业务不同发展阶段的需求：使成熟业务人才队伍与业务发展现实相匹配，快速成长及新发展新业务人才队伍与业务追求相匹配。

人才规划要匹配不同责任贡献的团队特点：面向不确定性业务的团队，要侧重规划好"主官＋专家＋职员"的人才阵型，构建打赢的能力；面向确定性业务的团队，要侧重规划好"主管＋专家＋职员＋操作类员工"'的人才阵型，确保提供优质的职能服务与流程执行支持。

在华为，主官、主管、专家、职员和操作类人员等不同角色，在组织中分别承担了不同的责任：

主官的主要责任是聚焦业务、夺取胜利，对不确定性环境变化下的业务决策负责；

主管的主要责任是提高业务运作效率，对确定性事情承担责任、实行首长负责制；

专家的主要责任是解决问题、专业创造，对于不确定性环境变化下的业务开展提供专业能力，为主官和主管提供决策依据；

职员的主要责任是认真执行、高效支撑，负责确定性工作准确、及时和高效运作；

操作类人员的主要责任是保质保量、精心操作，负责按确定的规则完成基础操作工作。

（二）夯实平台力量

华为认为：只有有了稳定的基础，才能面向未来更大胆地创造；高质量地发展稳定的职业化员工队伍，构成了华为基础平台的夯实力量。

2017年11月，任正非在《华为人力资源管理纲要2.0》修订与研讨会上提出：

我们公司一定要有稳定的职员族，职员负责职业化的操作与运营，是公司稳定的发展基础。什么是职员？军队的士官就叫职员，他负责的是确定性的业务。专家是解决不确定性和疑难问题。

我们要做个低级职员、中级职员、高级职员区分。低级职员第一要熟悉本职业务，第二要知晓基层实践的状况；中级职员一定要有基层实践的成功的经验；高级职员对实践的理解和成熟程度要很高，不仅自己业务的经度有经验，而且在相关业务的纬度上也要有洞察。

（三）打造创新力量

华为主动升级多样化人才队伍结构及来源，构建激发创新的融合型创造队伍，用全球人才使用广度和专业水准高度来构筑公司未来竞争力的新制高点。

2018 年 3 月 21 日，任正非在华为产品与解决方案、2012 实验室管理团队座谈会上指出："专家是我们应对不确定性的重要力量，面向新业务，专家的价值会越来越大。新技术、新业务发展越快，专家的作用越重要。随着技术车轮的前进，主官要减少，专家要增多。我们要给专家赋权，职级和待遇要匹配相应的贡献，牵引专家持续在领域内深入钻研。"

二、人才获取机制

华为围绕全球人才聚集地，逐步构建了研发、交付、供应等能力机构，形成了以院校优秀毕业生为主体、业内专才为补充、高端专家为关键的综合人才获取机制，广纳天下英才为其所用。

（一）优秀毕业生为主体

华为坚持每年招聘应届生不少于 5000 人，作为人才获取主体。

一方面，华为严把招聘关，保证应届生招聘质量，避免浪费人力成本。

另一方面，伴随公司的发展，华为逐步提高应届生招聘的层次，以增强对基础理论的研究力量和对引领创造的探索力量；注重增加专业的多样化，以促进队伍知识结构的丰富多样，触发融合创新带来的创造机遇。

《华为人力资源管理纲要 2.0 总纲（公开讨论稿）》提出：

要优化过往注重招收本硕学生的应届生招收政策，合理扩大博士及博士后研究人员的招收数量，增强对基础理论的研究力量和对引领创造的探索力量。

要调整过往单一聚焦电子信息领域生源的获取模式，进一步加大对于数学、物理、材料、生物、艺术、人文等多学科优秀生源的获取比例，让丰富多样的队伍知识结构，触发融合创新带来的创造机遇。

（二）业内专才为补充

华为工作岗位空缺，首先是从内部招聘来补充，只有在一定时间内确实无法获取的人才，才可以考虑社招；华为特别重视研发人员的内部招聘流动，不仅能够促进内部人才的合理流动，而且内部招聘的研发人员熟悉公司业务，能够更快适应工作环境。

2019 年 10 月 23 日，任正非在公司组织变革思路讨论会上说道："研发每年必须输出几千人到市场、供应、生产及其他体系等，才能补充相应的新生力量。这样其他体系的大部分补充人员无需在大学里招聘，可以直接在研发人员中招聘，具有研发基础还更好。"

华为将社会招聘业内专才作为人才获取的补充渠道，而不是补充劳动资源的主要手段，特别强调社会招聘人才的实用性。

《华为人力资源管理纲要 2.0 总纲（公开讨论稿）》指出："在逐步停止仅为补充劳动资源而进行的社会招聘（缺口人员主要由基层人员成长及周边部门冗余人员转入来补充）同时，要大胆地放开对于外部'歪瓜裂枣’的社招，那些拥有前沿技术能力及商业模式实践经验，仅因发展平台受限而不能充分发挥才智的人才，应成为公司人才队伍能力置换与提升的重要来源。"

（三）高端专家为关键

华为成为行业领先者之后，为了承担起为人类领航的责任，不仅仅在全公司，而且在全社会、全球，选拔具有全球化业务经验及视野的干部，担任高级主管；选拔能洞察市场、洞察技术、洞察客户、洞察国际商业生态环境的人做领袖，以进一步提升人才核心竞争力。

一方面，华为加强优秀人才的引进，在世界范围内招聘天才少年，融入华为的血液里，进一步激发组织活力。

2019 年 6 月 20 日，任正非在 EMT《20 分钟》发表讲话时提出：

华为未来要拖着这个世界往前走，自己创造标准，只要能做成世界最先进，那我们就是标准，别人都会向我们靠拢。

今年我们将从全世界招进 20 至 30 名天才少年，明年我们还想从世界范围招进 200 至 300 名。这些天才少年就像"泥鳅"一样，钻活我们的组织，激活我们的队伍。未来 3~5 年，相信我们公司会焕然一新，全部"换枪换炮"，一定要打赢这场"战争"。

另一方面，华为把战略能力中心建到战略资源聚集地区，更好地汇聚当地的人才，加快人才全球布局，辐射管理全球业务。

尊重人才以激发雄心

华为在创业初期，就认识到努力奋斗、积极创造的各类人才是公司价值创造的主体，达成认同并愿意践行华为价值观的员工是公司宝贵财富的共识，形成了"人力资本不断增值的目标优先于财务增值目标"的人才管理理念。

华为通过实施发展机会吸引人才、持续培养开发人才、价值评价激励人才、差异化地管理人才等措施，吸引并激励优秀人才在奋斗中不断自我增值，进而实现公司财务增值的目标。

一、发展机会吸引人才

创业阶段的华为起点极低，无资本、无背景、无技术、无人才，公司快速的发展为员工提供挑战性的工作机会，成为华为吸引人才的法宝。

（一）快速发展吸引人才

华为的成功实践证明：只有达到和保持高于行业平均的增长速度和行业中主要竞争对手的增长速度，华为才会有更好的经济效益，才能够吸引更多的优秀人才加入华为；更多的优秀人才加入华为，在华为有效的人才管理下，就能够创造出更多的财富，能够支撑更多人才的加入，形成良性循环，促进华为的持续发展。

1998 年，任正非向中国电信调研团的汇报以及在联通总部与处级以上干部座谈会上发表《华为的红旗到底能打多久》时提出：

我们的发展必须高于行业平均增长速度和行业主要竞争对手的增长

速度。过去每年以 100% 的增长速度发展，以后基数大了，肯定速度会放慢，那么以怎样的速度保持在业界的较高水平，这对我们来说是个很大的挑战。

我们通过保持增长速度，给员工提供了发展的机会，公司利润的增长，给员工提供了合理的报酬，这就吸引了众多的优秀人才加盟到我们公司来，然后才能实现资源的最佳配置。只有保持合理的增长速度，才能永葆活力。

（二）挑战机会牵引人才

公司快速发展吸引人才的同时，为员工提供挑战性的工作机会，则是华为吸引人才的另一大法宝。

1998 年，华为就认识到了机会、人才、技术和产品是公司成长的主要牵引力，促进它们之间的良性循环，就能加快公司的成长。

《华为基本法》提出：

（成长的牵引）

第十三条　机会、人才、技术和产品是公司成长的主要牵引力。

这四种力量之间存在着相互作用。机会牵引人才，人才牵引技术，技术牵引产品，产品牵引更多更大的机会。加大这四种力量的牵引力度，促进它们之间的良性循环，就会加快公司的成长。

2018 年，华为进一步总结出：机会是对优秀人才的最大激励，给予机会也是华为内部优秀人员不断涌现的关键手段。

《华为人力资源管理纲要 2.0 总纲（公开讨论稿）》提出：

机会是对优秀人才的最大激励，给予机会也是公司内优秀人员不断涌现的关键手段。要将公司每一次业务发展、每一波技术进步、每一项管理改进、每一个空缺岗位配备，都视为给予优秀人才持续激励与发展的最好机会。

对于已经在岗位上做出突出贡献、有使命感有思想、有冲劲有闯劲的人员要给予冲锋的机会，优先投入到公司战略性、挑战性岗位上；对于在岗位上责任结果持续优良、有责任感、技能精深的人才要给予担责的机会，敢于压担子、给权力，担当起日常业务与专业管理的骨干性、牵引性责任。

二、持续培养开发人才

华为基于人力资本的增值应大于财务资本增值的理念，将持续的人力资源开发作为实现人力资源增值目标的重要条件，实行在职培训与脱产培训相结合、自我开发与教育开发相结合的开发形式。

1998 年，任正非向中国电信调研团的汇报以及在联通总部与处级以上干部座谈会上发表《华为的红旗到底能打多久》时提出：

我们坚持人力资本的增值大于财务资本的增值。我们尊重知识、尊重人才，但不迁就人才。不管你有多大功劳，决不会迁就。我们构筑的这种企业文化，推动着员工的思想教育。

华为十分重视对员工的培训工作，每年为此的付出是巨大的。一是中国还未建立起发育良好的外部劳动力市场，不能完全依赖在市场上解决；二是中国的教育还未实现素质教育，毕业的学生上手的能力还很弱，需要培训；三是信息技术更替周期太快，老员工要不断地充电。

（一）新进员工培训

华为新进员工培训，主要传达一种原则就是奋斗：只有奋斗才有利于社会，只有奋斗才有个人前程，只有奋斗才能报效父母，只有奋斗才有益于妻儿；任何人只要通过努力都可以改变自己的命运，一切进步都掌握在自己手中，而不是在别人手中。

1998 年，任正非在向中国电信调研团的汇报以及在联通总部与处级以上干部座谈会上发表《华为的红旗到底能打多久》时提出：

我们每年招聘大约 3000 人，专门有个新员工培训大队，还分了若干中队，不少高级干部包括副总裁担任小队长。新员工关起门来学半个月的企业文化，从思想上建立统一的认识。他们写的一些个人感受的文章被编成了一本书，叫《第一次握手》，由中国青年出版社出版。

我们对所有的学生以同样的标准来要求，从一开始就培育团结合作、群体奋斗的精神，从而推动实现集体奋斗的宗旨。将来在工作中，会更多地放松一些对个性的管理，有了这种集体奋斗的土壤，个性的种子才能长成好的庄稼。

（二）在职员工培训

华为在职员工培训主要通过战略预备队的循环赋能，在训战过程中帮助在职员工熟悉新方法、掌握新工具，源源不断地输出后备队伍人才，支撑华为的快速持续发展。

2015 年 7 月 30 日，任正非在华为战略预备队业务汇报会上提出：

建立战略预备队，通过训战结合，教会大家如何正确地做事。

第一，要明确一点，为什么要有战略预备队？公司正在转型到一种新的管理方法上，一定要让所有人学会正确地做事。因为公司转型后，并不一定每个人都能接受，特别是高级干部，所以战略预备队不只是培训优秀的骨干员工，也包括各级重要岗位的干部，如果高级干部不会正确地做事，被新员工架空，这也是灾难。老干部、新干部统一在一个作战平台上培训转型，老干部不是要去操作这个平台，而是经过训练后，能够理解这个平台，有决策的能力。目前有些干部没有决策能力，不断没有目的地开会、开会、再开会。而对于那些具有领袖潜能、善于抓住主要矛盾和矛盾的主要方面的人，我们要通过战略预备队的循环赋能，把这些草莽英雄转换成优秀的职业经理人。有敢于胜利的精神，才能善于胜利。

第二，战略预备队不局限现有的七个预备队，整个公司的各个领域都应该滚动进来，如IT、内服、财务管理……战略预备队是公司能力建设的机制，识别出一种关键能力就要建立一支战略预备队。

三、价值评价激励人才

华为认为：华为全体员工无论职位高低，在人格上都是平等的；坚持公平、公正、公开原则对员工进行价值评价和价值分配，是对人才最好的尊重，能够最大限度地激发员工的雄心，发挥出极大的主观能动性，激励员工全力创造价值，在实现员工自身价值的同时，支撑实现华为的商业成功和持续发展。

（一）公平竞争原则

华为很早就认识到：给予人才公平竞争的机会是对人才最好的尊重，也是人力资本增值的前提；唯有公平的机会，才能够鼓励优秀员工在华为尽快找到发挥专长的平台，发挥出更大的作用。

1998年，华为就确认了效率优先、兼顾公平的原则，在公司发展的基础上为所有员工提供公平竞争的机会，让最有责任心的明白人担负重要的责任。

《华为基本法》提出：

（公平）

第五十八条　华为奉行效率优先，兼顾公平的原则。我们鼓励每个员工在真诚合作与责任承诺基础上，展开竞争；并为员工的发展，提供公平的机会与条件。

每个员工应依靠自身的努力与才干，争取公司提供的机会；依靠工作和自学提高自身的素质与能力；依靠创造性地完成和改进本职工作满足自己的成就愿望。

我们从根本上否定评价与价值分配上的短视、攀比与平均主义。

华为强调：各尽所能、按劳分配的关键，就是要建立公平的价值评价和价值分配制度，以激励员工持续奋斗。

（二）公正评价原则

华为坚持：给予人才公正的评价是对人才最好的肯定，也是人力资本增值的保证；唯有公正的评价才能够实现优胜劣汰、激发组织活力，实现人力资本增值和组织财务增值的双赢。

1998 年，华为就系统地阐述了进行公正评价的准则、依据和标准，并提出建立客观公正的价值评价体系是华为人力资源管理的长期任务。

《华为基本法》提出：

（公正）

第五十七条　共同的价值观是我们对员工作出公正评价的准则；对每个员工提出明确的挑战性目标与任务，是我们对员工的绩效改进作出公正评价的依据；员工在完成本职工作中表现出的能力和潜力，是比学历更重要的评价能力的公正标准。

......

（考评方式）

第六十六条 建立客观公正的价值评价体系是华为人力资源管理的长期任务。

员工和干部的考评，是按明确的目标和要求，对每个员工和干部的工作绩效、工作态度与工作能力的一种例行性的考核与评价。工作绩效的考评侧重在绩效的改进上，宜细不宜粗；工作态度和工作能力的考评侧重在长期表现上，宜粗不宜细。考评结果要建立记录，考评要素随公司不同时期的成长要求应有所侧重。

在各层上下级主管之间要建立定期述职制度。各级主管与下属之间都必须实现良好的沟通，以加强相互的理解和信任。沟通将列入对各级主管的考评。

员工和干部的考评实行纵横交互的全方位考评。同时，被考评者有申诉的权利。

（三）信息公开原则

华为坚持信息公开原则，并持续改进完善信息公开制度，因为只有信息公开才能够保证公平竞争和公正评价，才能够解决公司内部矛盾，极大地激发人才的工作积极性。

1998 年，华为认为：遵循公开原则，是保障人力资源管理的公正和公平的必要条件。

《华为基本法》提出：

（公开）

第五十九条 我们认为遵循公开原则是保障人力资源管理的公正和公平的必要条件。公司重要政策与制度的制定，均要充分征求意见与协商。抑侥幸，明褒贬，提高制度执行上的透明度。我们从根本上否定无政府、无组织、无纪律的个人主义行为。

2011 年，华为提出：将考核结果公开是解决主管与员工之间矛盾的方法，可以促进公司内部矛盾的一步步解决。

2011 年 1 月 17 日，任正非在华为市场大会上说道：

我们要低成本地解决主管与员工之间的矛盾，我们认为低成本的唯一解决方法就是考核结果公开。

我们认为这一次公开可能出现很大的问题，20% 主管就会暴露出来，一是过去做的不公平，二是你做老好人，不会分配。所以，我们将来一定坚持把考核结果公开。

我们公司现在是越来越公开。在一定范围内向下是开始透明的，所以我们公司内部矛盾在一步步得到解决。

四、差异化地管理人才

华为坚持贡献大于成本的人才个体管理理念，人尽其才的前提是创造价值，用差异化人才管理让各类人才在最佳时间、最佳角色，做出最佳贡献，获得合理回报。

《华为人力资源管理纲要 2.0 总纲（公开讨论稿）》提出：

针对专家类人才价值创造的长期性、不确定性特点，要用事业使命感和探索荣耀感强化专家工作价值感；要建立鼓励专家独立思考、敢于担责的选拔任用机制，发挥专家对主官决策的支撑作用；要建立短长期贡献相结合、能上能下的专家任职评估机制，激发创新创造动力；要大胆打破各类"天花板"与"潜规则"，按实际贡献大力提升专业领军人才、高级专家的待遇回报水平；要形成专家在一线作战和机关工作间的垂直双向流动，促进专家专业精深能力和问题解决能力的提升。

针对职员类人才价值创造的稳定性与确定性特点，要明确责任心和经验积累是职员高质量担责的关键要素；要合理规划职员岗位要求与来源构成，从源头上稳定职员队伍；要建立匹配岗位特点的流动、晋升与淘汰机制，发挥职员经验积累对流程执行的确定性保障作用；要建立以责任心和经验积累为重心的任职评估机制、与工作量与质量相关联的激励回报机制，促进职员群体不仅尽心尽责，也能"安居乐业"，在岗位上长期做出贡献。

针对操作类人才价值创造的工作重复性和技能熟练性特点，要明确"将简单的工作做到不平凡的极致"精神是驱动操作类人才更好创造的要旨；要特别关注操作类人才中优秀"工匠"标杆发掘；要建立与操作员工日常工作量与工作质量直接挂钩的快速评价与激励决策机制；要在"干一行、爱一行"基础上，逐步实现岗位全能型转变，解决操作员工技能跨度狭窄的问题。

约束人才以遏制野心

华为不提倡个人英雄主义，鼓励集体奋斗，任何人都不能躺在功劳簿上睡大觉，必须长期艰苦奋斗以支撑华为持续发展。

一、不迁就人才

华为决不迁就人才。一方面，实行道德品质一票否决制，以德为先；另一方面，及时撤换能力进步跟不上公司发展需要的干部，形成了干部能上能下、工作能左能右、人员能进能出、待遇能升能降的"四能"文化。

1994 年，华为强调加强精神文明建设，决不迁就违反公司纪律和国家法律的员工。

1994 年 1 月 26 日，任正非与华为市场培训人员进行座谈会时提出："公司推行效益优先，兼顾公平原则，让优秀分子先富裕起来，但要反对富裕起来后的不良行为，不要做违法乱纪的事，要加强精神文明教育，要作风正派，在公司按公司的纪律办事，在公司以外按国家法律办事，违反公司纪律和国家法律的，公司决不迁就。"

1998 年，华为坚持对员工进行有效的管理，即使是有功之臣也要能上能下，将个人主义更好地融入集体主义之中。

1998 年，任正非向中国电信调研团的汇报以及在联通总部与处级以上干部座谈会上发表《华为的红旗到底能打多久》时提出：

我们要求员工要认真负责，但认真负责不是财富，还必须管理有效。尊重知识、尊重个性、集体奋斗、不迁就有功的员工，是我们可持续发展的内在要素。

市场部集体大辞职的壮举，开创了华为内部岗位流动制度化，使职务重整成为可能。因为创业期间他们功劳最大。他们都能能上能下，别人还不能吗？华为容许个人主义的存在，但必须融于集体主义之中。

2009 年，华为要求加强对干部的循环培训、循环转换，不会对资历妥协和迁就，坚决撤换不合格的干部。

2009 年 11 月 27 日，任正非在华为 IFS 推行专题汇报会上发表讲话《加快 CFO 队伍建设，支撑 IFS 推行落地》时提出：

人力资源委员会要敢于对干部循环培训、循环转换，不要过分讲资历，我们的目标是打天下，谁能跟我们打天下我们就用谁，只要这个人品德上没有问题。我们不会对资历妥协和迁就，战争已经打起来了，我们怎么能耐心等待一个干部的进步呢？

华为面临着一次大转型，在这个转型中最重要的是组织建设，组织建设的核心是干部，撤换一批干部是必然要发生的。

二、鼓励集体奋斗

华为始终鼓励集体奋斗，以抑制个人英雄主义的泛滥，遏制过度膨胀的个人野心。

1994年，华为认识到：华为作为高科技企业的特点及其所承担的历史使命，要求全体员工必须坚持合作，走集体奋斗的道路。

1996年，华为对干部提出要求：不仅个人要有进取精神，而且所领导的群体都要有进取与敬业精神。

1996年1月28日，任正非在华为市场部全体正职集体辞职仪式上提出："我们提倡的不仅仅是个人的进取精神，而且是你领导的一个群体的进取与敬业精神。没有你个人的进取与认真精神，你所管辖的人和事就不会不断得到优化、不断提高效率；没有你领导的群体的集体奋斗，流程不和谐，就会产生阻力，降低效率。"

2019年，华为进一步强调团队作战，集体立功、集体受奖，从包产走向合作制。

2019年7月19日，任正非在华为运营商BG组织变革研讨会上提出：

我在干部管理工作汇报会上讲过一句话："集体立功，集体受奖，少数人破格。"

对于连续性作战，我也提到立功奖励分三种形式：破格、顺格、拿奖金。比如，高级领导参与作战可以升一级；中间级的这一批作战干将可以破格，破两格、破三格，你们去协商；有些我们不能直接去干预职级的人员，先给奖金，然后他参与所在组织的顺级评定。

将来每个项目组也是这样，集体立功，集体受奖，就像电视剧《绝密 543》一样，才能避免包产到个人。阿根廷和哥斯达黎加代表处在早期也走弯了，层层承包，那就是倒退呀。我们要建立"军团"作战方式，强调集体奋斗，而不只是个人奋斗。我们既要把权力下放到前方，又不能层层承包到个人。

小结

华为人才管理是华为商业成功和持续发展的重要创造要素，其经验可以概括为 12 个字："想明白""找得到""引得进""用得好"。

"想明白"：确定为适应企业的业务发展，需要什么样的人才，需要多少人才，做好人才需求规划；

"找得到"：确认企业所需的人才分布在什么地方，包括公司内部人才和外部人才，健全人才获取机制；

"引得进"：如何能够以最低成本，最高效率地获取所需人才，通过内部流动或外部引进到合适的工作岗位；

"用得好"：尊重人才以激发其雄心、约束人才以遏制其野心，实现人力资本不断增值优先于财务增值的目标。

第 5 章

华为人力资源管理的驱动力

HUAWEI

华为在长期的人力资源管理实践中，坚持物质文明促进精神文明、精神文明巩固物质文明的方针，逐步形成并持续完善了精神文明和物质文明两种创造驱动力，有力地驱动了华为的商业成功与可持续发展。

第 1 节
精神文明创造驱动力

《华为人力资源管理纲要 2.0 总纲（公开讨论稿）》是这样描述的：
"精神文明建设导向持续奋斗，构筑了公司的核心价值观，形成了积极
进取、敢于亮剑、百折不挠、集体奋斗的高绩效组织文化。"

在华为，物质文明和精神文明是融合在一起的，两者共同推动了
公司的发展，物质文明可以促进精神文明，精神文明又能够巩固物质
文明。

2017 年 6 月 1 日，任正非在上海参加与华为中国地区部代表及主
管座谈会，并在会上提出：

先讲一下什么叫物质文明和精神文明。我们创业这 30 年来，就是
物质文明和精神文明融合在一起，共同推动公司发展的，以物质文明促
进了精神文明，以精神文明巩固了物质文明。

但是，前 30 年我们强调物质更多一些，希望加快改善大家的生活；
现在绝大多数员工（除了新员工）都有一定改善，那我们在新时期多强
调一点精神。什么是精神文明呢？让有使命感、责任感、做出了贡献的
人快一点晋升，让他们在最佳时间和最佳角色做出最佳贡献，少数人还
可以破格提拔。提拔晋升就是树立组织榜样，榜样的力量是无穷的。人
的生命太短了，为什么不让优秀人员的青春早一点放射光芒，多一些时
间照亮人生的路程？

华为坚持以精神文明巩固物质文明的方针，积极发展愿景导向持续

奋斗，传承与发扬核心价值观等精神文明建设，形成了集体奋斗的组织氛围，构建了高绩效的组织文化，促进了以物质文明促进精神文明、以精神文明巩固物质文明的良性循环。

发展愿景导向持续奋斗

在发展初期，华为就前瞻性地构想了"聚焦电子信息领域、成为世界级领先企业、三分天下必有华为"的宏大发展愿景；在业务发展的各阶段，华为又及时地提出了更具挑战的战略目标，从组织发展的意义感、个体创造的价值感、员工成长发展机会等方面，为全体员工指明努力方向、树立奋斗目标、提供成长空间，极大激发了各级组织与员工持续奋斗的精神动力。

一、组织发展的意义感

华为在成长发展过程中，不断赋予组织发展新愿景，以激发组织追求更高、更好目标的原动力。

1994年，在华为一无所有之际，任正非就非常大胆地提出了华为人的梦想：十年之后通信行业三分天下，华为必有其一！

1998年，成为国内最大通信设备制造企业的华为，将其追求定位为：成为世界级领先企业。

《华为基本法》提出："华为的追求是在电子信息领域实现顾客的梦想，并依靠点点滴滴、锲而不舍的艰苦追求，使我们成为世界级领先企业。"

2004 年，刚刚走出冬天的华为，首次正式推出了其愿景：丰富人们的沟通和生活。

2004 年 4 月 28 日，任正非在广东省委中心组"广东学习论坛"报告会上做专题报告《华为的愿景、使命、价值观》时提出：

华为的愿景就是不断通过自己的存在，来丰富人们的沟通、生活与经济发展，这也是华为作为一个企业存在的社会价值。我们可以达到丰富人们的沟通和生活，也能够不断促进经济的全球化发展。

2011 年，在实现了三分天下的梦想之后，任正非更新了华为人的梦想：超越美国。

2011 年 1 月 17 日，任正非在华为市场大会上提出："在通信行业上我们要追赶、超过他们，我们在信息领域上为什么不能全面超越美国呢？我们提出了新的历史使命，在信息领域里与美国公司正面竞争。"

2017 年，华为业务由 CT（通信技术产业）领域拓展到 ICT（信息通信技术）领域，并将愿景更新为：把数字世界带入每个人、每个家庭、每个组织，构建万物互联的智能世界。

二、个体创造的价值感

华为不断赋予组织发展新愿景的同时，积极地通过组织愿景牵引个人工作动机，持续地为员工指明努力方向、树立奋斗目标，极大地激发了员工持续奋斗的精神动力。

一方面，华为要求各级管理人员应基于自身组织的使命和责任，承接公司愿景和目标，用事业发展来牵引员工长期共同奋斗。

2013 年 9 月 11 日，任正非在华为常务董事会成员民主生活会上表示：

　　各级组织与团队要基于自身的使命和责任，承接公司愿景和目标。各级主管要善于与员工就公司、部门的发展前景展开沟通，积极营造责任结果导向、开放进取、富有活力的氛围，给他们提供更多的成长机会，以事业发展来牵引员工长期共同奋斗。

　　…………

　　金钱固然重要，但也要相信人内心深处有比金钱更高的目标与追求；尤其是当人们不再一贫如洗的时候，愿景、使命感、成就感才能更好地激发人。如果我们相信员工有精神追求，员工也会被我们的信念所鼓舞。

　　另一方面，在将公司的愿景使命与员工个人工作动机相结合的同时，华为也强调要认清不同层次员工拥有不同的使命动机，需要差异性地识别规划以激发员工工作积极性。

　　2017 年 8 月 7 日，任正非在《华为人力资源管理纲要 2.0》沟通会上提出：

　　公司的使命是使能智能社会的转型，为客户创造价值，为社会做出贡献，员工的目标是为组织的使命达成进行高质量的工作。公司的商业成功与员工获得的回报是上述努力的结果。

　　未来我们要认清中基层员工、中高级干部、高层领袖的不同使命动机，要差异化来识别与规划。如果从上到下都是一个使命，那不正确，基层不需要担负这么重的东西。价值观不一样，不同的工作人员有不同的动机和要求。领袖、主官、执行者站在不同角度，对同一事件有不同看法，是正确的，是合乎社会发展的哲学的。

三、员工成长发展机会

华为不断赋予组织发展新愿景，积极地通过组织愿景牵引个人工作动机的同时，还主动地将组织发展与员工成长机会相联结，以激发员工追求更高、更好目标的原动力。

1998 年，华为就已经认识到：没有合理的成长速度，公司就没有足够的能力给员工提供更多的发展机会，从而吸引到更多公司所需的优秀人才；机会牵引人才，人才牵引技术，技术牵引产品，产品牵引更多更大的机会，促进它们之间的良性循环，才能加快员工的成长与公司的发展。

2015 年，华为提出要优先给予奋斗者实践的机会，帮助优秀员工在最佳时段上、走上最佳的岗位、做出最大的贡献，实现快速升级、多担责任。

2015 年 1 月 16 日，任正非在华为年度市场工作会议上提出："华为要做到群贤毕至，充分发挥组织潜力、奋斗者的潜力，优先给他们创造实践机会。要允许相当多的优秀员工快速升级，多担责任。我们要尊重有经验的各级干部，让他们在流程中发挥重要的骨干作用，但按序排辈、按资历排辈会使一部分优秀员工流失。人的工作生命周期很短，我们要让它在最佳时段放射光芒。"

传承与发扬核心价值观

在努力谋求生存、奋力牵引发展的奋斗过程中，华为经过长期探索并最终确立了"以客户为中心""以奋斗者为本"和"长期艰苦奋斗"

的核心价值观。

华为核心价值观的传承与发扬,一方面是依靠各级干部在长期工作实践中的率先垂范、以身作则,另一方面则是注重将核心价值观内化到人力资源管理制度中,用确定性的有形机制来固化无形的核心价值观内涵,以牵引各级管理人员与全体员工遵从核心价值观。

一、干部以身作则践行核心价值观

任正非率先垂范,各级管理人员以身作则,引领了华为全体员工持续传承与发扬"以客户为中心""以奋斗者为本"和"长期艰苦奋斗"的核心价值观。

(一)带头践行"以客户为中心"

"以客户为中心"的对立面是以自我为中心,如果华为各级管理人员是以自我为中心的,那么华为员工就会以领导为中心作为手段,来达到以自我为中心的目的,这会极大地破坏华为"以客户为中心"的核心价值观。

任正非不仅率先垂范践行"以客户为中心"的理念,更是高度警惕员工中以领导为中心的倾向,以带动并鼓励各级管理人员和全体员工践行"以客户为中心"的核心价值观。

2011 年 1 月 4 日,任正非在华为干部高级管理研讨班上说道:

对 EMT 人员的审计报告在心声社区全网公布了,查我们的目的不是查我们有什么问题,是查谁在拍我们马屁。我们还要查地区部总裁、代表处代表,查谁在拍他们马屁,为什么不能在华为消灭掉腐蚀上一级、做内部公关的人?

最好的干部是什么样的人呢？就是眼睛老盯着客户，盯着做事，屁股是对着我的，脚也是对着我的，他是千里马，跑快了，踢了我一脚，我认为这才是好干部，一天盯着做事的干部才是好干部，才是我们要挖掘出来的优秀干部，而不是那种会"做人"的干部。

（二）带头践行"以奋斗者为本"

华为各级管理人员带头践行"以奋斗者为本"的核心价值观，主要体现在以下两个方面：

一方面，管理人员要准确地识别出奋斗者，让激励政策真正覆盖到奋斗者身上，而不是覆盖到不愿意奋斗的人身上。给予不愿意奋斗的人越多激励，他的惰性反而越强；个体的惰性越强，对整个组织惰性的影响就越大。

2011 年 4 月 14 日，任正非在如何与奋斗者分享利益的座谈会上提出：

在公司倡导奋斗者文化的大背景之下，我们到底如何识别奋斗者和不奋斗的人？员工提交了成为奋斗者的申请，并不意味着他就是奋斗者，是不是奋斗者关键要看其在工作中的表现。

文件做得再好，其条款毕竟是僵化的，并不能覆盖所有的正在发生的变化。作为文件的执行者，就要求我们如何理解到要做的事情的本质是什么。这个本质就是我们要把奋斗者和不奋斗的人识别出来，把优秀的奋斗者与普通的奋斗者区分开来，从而在配股的过程中实事求是地决定哪些人应该获得配股，哪些人不应该获得配股；哪些人应该多配，哪些人不应该多配。

另一方面，管理人员需要适当地让渡自身利益，将更多的利益给予奋斗者，以吸引越来越多的员工加入奋斗者的行列、成为华为事业的中坚力量。

2011年4月14日，任正非在如何与奋斗者分享利益的座谈会上提出：

我告诉你们一个消息，董事长孙总（孙亚芳）今年就带头减持了她的股票，去年还有好多优秀骨干自动写申请将股票减持下来，而且还降得不少啊，有些人自愿降了一半啊，人力资源委员会都已经批准了。明年队列清楚后，我也会减掉一部分股份，使队列更加合理。所以，要看到高层干部的觉悟还是很高的，是能够理解公司的。

华为需要这种自我牺牲精神，如果这能形成一种机制，老员工能在自己冲不动的时候，为了公司的可持续发展而主动申请将自己的股票降下来，分配给更多的、优秀的、有冲劲的员工，华为将会长盛不衰。

（三）带头践行"长期艰苦奋斗"

华为在创业阶段的成功靠的是企业家行为，为了抓住机会而不顾手中资源奋力牵引，凭着第一、第二代创业者的艰苦奋斗、远见卓识、超人的胆略，华为一步步地从一无所有发展到三分天下。

随着华为不断地成长与发展、物质条件得到了极大的改善，华为越来越强调各级管理人员在思想上的艰苦奋斗：以任正非为代表的华为各级管理人员，不断地总结经验，不断地向他人学习，坚持自我批判的纠偏机制，每日三省吾身，从中找到适合华为前进的思想、方法，带领并激励华为员工持续艰苦奋斗。

2019年2月19日，任正非接受美国媒体采访时表示：

团结一切可以团结的人，大家共同来奋斗。共同来奋斗，团结就是力量，选择慢慢走，就走到今天。这与我个人的生活信息很单调也有关系，其实我没有兴趣，我太太总是批评我，说"你没有朋友，也没有爱好"，我说"我爱好读书，爱好写文件，最高兴的事情就是改文件"。

为什么改文件？每天早上，我七点半吃完饭就到公司上班；八点到九点是我精神状态最好的时候，我就来改文件和签发文件；九点后上班也是我精神状态比较好的时候，我就开会，听汇报；到下午，我觉得我状态要差一点了，我就喝一杯咖啡，跟大家座谈，听听大家有什么批评意见。

二、人力资源制度牵引核心价值观

在各级管理人员带头践行核心价值观的同时，华为持续优化人力资源管理制度，牵引全体员工对核心价值观的遵从，帮助员工养成良好的行为规范和工作习惯。

2004 年，华为就明确提出持续进行管理变革的目的，就是要建立一系列"以客户为中心"、以生存为底线的管理体系，摆脱企业对个人的依赖，使要做的事从输入到输出，直接端到端，简洁并控制有效地连通，尽可能地减少层级，使得成本最低、效率最高。

2004 年 4 月 28 日，任正非在广东省委中心组"广东学习论坛"报告会上做专题报告《华为的愿景、使命、价值观》时提出：

华为文化承载了华为的核心价值观，使得华为的客户需求导向的战略能够层层分解并融入所有员工的每项工作之中。不断强化"为客户服务是华为生存的唯一理由"，提升了员工的客户服务意识，并深入人心。

通过强化以责任结果为导向的价值评价体系和良好的激励机制，使得我们所有的目标都以客户需求为导向，通过一系列的流程化的组织结构和规范化的操作规程来保证满足客户需求。由此形成了静水潜流的基于客户导向的高绩效企业文化。华为文化的特征就是服务文化，全心全意为客户服务的文化。

2008 年，华为明确奋斗文化只有落实到考核上，而不是仅仅停留在口号上，通过制度来保证给予奋斗者合理的回报、足够的关怀、良好的沟通，才能逐步建立起以奋斗者为本的文化体系。

2011 年，华为强调对奋斗者坚定不移地实行末位淘汰制，以确保奋斗者能够长期艰苦奋斗，不断地激发组织活力、支撑华为的持续发展。

2011 年 1 月 4 日，任正非在华为干部高级管理研讨班上提出：

不奋斗我们就没有出路，华为一定要前进，前进就要让那些不合适的干部调整到合适的岗位上。

我们对 12 级及以下人员的考核做了改变，是绝对考核，但对 13 级及以上的"奋斗者"，我们实行相对考核，特别是担任行政管理职务的人，我们要坚定不移地实行末位淘汰制，不淘汰你就可以得到更多的利益，我们不能让你坐享其成，责任和权力，贡献和利益是对等的，不可能只有利益没有贡献。

2017 年，华为确认将核心价值观制度化是真正的挑战，是构建起奋进的、强壮的、包容的企业文化氛围的关键所在。

形成集体奋斗组织氛围

华为在过去 30 年艰难困苦的发展过程中，凝聚了千万员工的创造智慧与奋斗激情，形成了"胜则举杯相庆，败则拼死相救"的团结协作精神；构建了"力出一孔、利出一孔"的考核与分配机制，巩固了集体奋斗的组织氛围。

一、坚持团结协作永恒主题

华为是一个以高技术为起点，着眼于大市场、大系统、大结构的高科技企业，为了完成其历史使命，华为需要全体员工团结协作、走集体奋斗的道路。

1995 年，华为就提出了团结协作和集体奋斗始终是公司发展永恒的主题，要求各部门负责人站在战略高度来统揽全局，绝不允许任何官僚主义、本位主义的出现。

2008 年，华为号召员工继续发扬"胜则举杯相庆，败则拼死相救"的光荣传统，并通过考核激励的方式将这种精神制度化地巩固下来。

2008 年 5 月 31 日，任正非在华为无线产品线奋斗者大会上提出："我们要继续发扬以客户为中心的'胜则举杯相庆，败则拼死相救'的光荣传统。在计划前移的条件下，要从虚拟统计、虚拟考核入手，从考核激励上将这种精神制度化地巩固下来。"

2017 年，由于 KPI 考核的不合理，使得共同奋斗精神弱化，华为提出要简化组织 KPI、增强协同考核，重塑共同奋斗精神。

2017 年 8 月 7 日，任正非在《华为人力资源管理纲要 2.0》沟通会上提出：

现在由于 KPI 考核的不合理，使得共同的奋斗精神弱化了，形成了自私，这种环境制约了群体奋斗、狼群战术的文化。所以，我们要管住边界，简化考核，结果导向，重塑这种精神。

华为过去"胜则举杯相庆，败则拼死相救"的精神就很好，大家一听说你做的产品有问题，都到你那里帮忙。那时虽然我们的产品不够好，但勤能补拙，大家互相帮助、互相信任。我们要回到这种状态，这是有价值的。

二、考核制度促进集体奋斗

华为要求组织考核要促进组织协作，形成集体奋斗力量，要合理设置组织考核颗粒度，避免作战组织过多关注自身局部目标完成，而淡化对全局目标实现的支持；运用周边协同评价机制，引入作战组织评价职能支撑组织的考核方法，促使各级各类组织左右同心、上下同欲。

（一）力出一孔与利出一孔

华为认为：唯有坚持"力出一孔，利出一孔"的原则，华为才能够一直活下去，永远不会倒下。

2012 年 12 月 31 日，任正非在《华为人》发表文章《力出一孔，利出一孔》时提出：

我们这些平凡的 15 万人，25 年聚焦在一个目标上持续奋斗，从没有动摇过，就如同是从一个孔喷出来的水，从而产生了今天这么大的成就。这就是力出一孔的威力。我们聚焦战略，就是要提高在某一方面的世界竞争力，也从而证明不需要什么背景也可以进入世界强手之列。

同时，我们坚持利出一孔的原则。EMT（经营管理团队）宣言，就是表明我们从最高层到所有的骨干层的全部收入，只能来源于华为的工资、奖励、分红及其他，不允许有其他额外的收入。从组织上、制度上，堵住了从最高层到执行层的个人谋私利、通过关联交易的孔掏空集体利益的行为。20 多年来我们基本是利出一孔的，形成了 15 万员工的团结奋斗。我们知道我们管理上还有许多缺点，我们正在努力改进之，相信我们的人力资源政策，会在利出一孔中，越做越科学，员工越做干劲越大。我们没有什么不可战胜的。

如果我们能坚持"力出一孔，利出一孔"，下一个倒下的就不会是华为；如果我们发散了"力出一孔，利出一孔"的原则，下一个倒下的也许就是华为。

（二）践行力出一孔

华为试点简化代表处组织绩效目标，以达到聚焦关键经营结果、践行力出一孔的目的。

2018 年 12 月 17 日，华为发布的《合同在代表处审结的试点方向与改革要点（试行）》体现了华为自下而上践行力出一孔。

（三）坚持利出一孔

为了更好地坚持利出一孔的原则，华为对普通员工与高级干部有着不同的要求。

一方面，华为不允许员工从事第二职业，要求员工专注做好本职工作，靠优质的产品与服务赚钱。

2015 年 7 月 14 日，任正非与华为英国研究所、北京研究所、伦敦财经风险管控中心举行座谈会，并在会上提出：

我们严格规定，绝不进行金融投机开展金融业务，绝不使用金融杠杆工具。我们不可能在两条战线上，同时冒风险。踏踏实实地靠产品与优质的服务赚钱。

对于参与 P2P 受损、投资股市受损的员工，不值得同情，各级干部部门，要帮助他们被清理出公司的奋斗队伍，让他们专心地去搞投资。让第二职业变成他们的第一职业，公司不允许员工有第二职业。

另一方面，华为对高级干部和骨干员工有着更为严格的要求，不允许他们有来自华为工资、奖金、待遇和股票分红之外的其他利益来源，让他们与华为结成利益和命运共同体，以杜绝腐败、全心全意地聚焦在工作上。

2017 年 4 月，任正非在哈佛商学院全球高管论坛上提出：

我们为什么要求高级干部和骨干员工的收入只能来自华为的工资、奖金、待遇和股票分红，不允许有其他的利益来源呢？就是要让高级干部和骨干员工的利益和公司的利益紧紧捆在一起，与公司结成利益和命运共同体，使干部聚焦在工作上。

这样的队伍才有最强的战斗力，而这种最强的战斗力必然会转化为公司的效益，从而使干部员工的收入超过业界较高水平。这就是"利出一孔"，这是一个良性循环。"利出一孔"还为了杜绝公司内部的腐败。

构建高绩效的组织文化

在从农村包围城市、从国内拓展到海外、从行业跟随者到行业领先者的征程中，在业务发展与市场竞争压力无衰减地逐级传递的过程中，华为一代代干部群体通过自身勇于担责、敢于牺牲的奋斗行为，带领团队在不断的失败中从一个胜利走向另一个胜利，形成了华为特有的面对挑战敢于亮剑、面对挫折百折不挠、面对成绩自我批判、面对机会永不满足的高绩效组织文化。

一、面对挑战敢于亮剑

华为在成长发展过程中，曾经面临过无数次挑战，正是凭着无所畏惧、勇往直前的亮剑精神，才能一次次战胜国内外强大的对手，突破国内市场，拓展海外市场而成为行业领先者。

（一）突破国内市场

20 世纪 90 年代，加拿大北电、美国朗讯、瑞典爱立信等跨国公司的产品占据了国内电信市场的主体地位，华为从创业开始就在家门口面对来自全球的充分竞争，是在世界列强的缝隙中长大，在充分竞争中站起来的。

任正非在 1995 年华为市场总部高中级干部就职仪式上发表讲话《英雄好汉站出来》时提出：

市场也是严酷的，这里虽然没有战火纷飞、硝烟迷漫，但这里也是战场，是没有硝烟的战场。在这个战争中，永远不会有第二名。市场竞争的结果只有胜利者与失败者。失败者将得不到任何的同情与怜悯。但真正的热血儿女、英雄好汉更应该在这样的舞台上站起来。狭路相逢勇者胜。您不是一直渴望着一展身手吗？不一直盼望着自我实现吗？您勇敢地站出来，这个伟大时代呼唤着特有的英雄骄子。

公司会继续集中力量，创建大环境，营造大市场。公司发展 6 年来，由农村到城市，由用户机到局用机，由 C5 局到 C4 局、C3 局。我们的产品高技术、优性能已成为用户共识。公司在不断地发展壮大，我们也期望着我们的开路先锋们有信心，有毅力，排除万难，将红旗插遍全国，向东南亚进军，向莫斯科开进。

（二）拓展海外市场

2000 年 12 月 27 日，华为在深圳五洲宾馆为即将出征海外的将士举行送行大会，"雄赳赳、气昂昂，跨过太平洋"的会议主题，展现出华为人勇往直前的乐观主义精神；会场上"青山处处埋忠骨，何须马革裹尸还"的大幅标语，又充满了悲壮的氛围。为了身份的证明，华为需要海外市场的成功，在完全不了解世界的情况下，华为人义无反顾地踏入了茫茫的"五洲四洋"，去迎接全新的挑战。

2001 年 1 月 18 日，《华为人》刊登了任正非在华为欢送海外将士出征大会上的演讲，文章提出：

"青山处处埋忠骨，何须马革裹尸还"，没有我们先辈的这种牺牲，就没有中华民族的今天。为了祖国的明天，为了摆脱一百多年来鸦片战争、八国联军入侵的屈辱，以及长期压在我们心里的阴云，我们要泪洒五洲，汗流欧美亚非拉。

（三）立志超越美国

2011 年，华为提出了超越美国的梦想，去迎接更大的挑战。

2011 年 1 月 17 日，任正非在华为市场大会上提出：

在通信行业上我们要追赶、超过他们，我们在信息领域上为什么不能全面超越美国呢？我们提出了新的历史使命，在信息领域里与美国公司正面竞争。

我们过去的观点是比较韬光养晦，尽量回避与美国公司正面竞争，能让就让一把，不要去和美国产生直面竞争。那一天是我接到胡厚崑的一个短信，我们 Sprint 项目丢了，在美国商务部直接干预下，我们 Sprint 项目做不成了，美国三大运营商三大 T 都没有了。胡厚崑说美国的团队在哭，我笑了。为什么笑？我终于放下精神包袱了，终于敢于直面和美国公司正面竞争了，不再顾忌什么了，不再向他们妥协了。

2019 年，在美国对华为的全力打压之下，任正非激励华为员工潇洒走一回，实现超越美国的梦想。

2019 年 3 月 30 日，任正非在华为第四届持股员工代表会上指出：

我们的理想是伟大崇高的，我们为之奋斗是无怨无悔、痴心不改的。我们向一切先进学习，努力追赶美国，我们一定要最先将红旗插上"上甘岭"。

初生牛犊不怕虎，超越美国不是梦，何不潇洒走一回呢？我拿青春赌明天，你用真情换此生。我们的目标一定要达到，我们的目标也一定会达到。

二、面对挫折百折不挠

华为在成长发展过程中，也曾经历过一次又一次的挫折，正是凭着坚忍不拔、百折不挠的毅力，才能一次次地走出失败的阴影，不断地走向成功。

1987 年，时年 43 岁的任正非被深圳南油集团除名，处于山穷水尽、无路可走的人生低谷，被逼无奈而创业成立华为。

1990 年，华为代理单位小型交换机，面临供应商断货危机，被逼走上自主开发产品道路。

1991 年开发出 BH03 和 HJD48 这两款小型交换机，1992 年实现了

1亿元销售收入，华为终于活下来了。

1992年，JK1000程控交换机项目的失败，耗干了华为辛辛苦苦攒下的家底，任正非不得不四处借钱，孤注一掷地将宝押在了C&C08数字交换机项目上，C&C08的成功才使得华为逃脱了破产的命运。

2000年，华为战略性地错过了曾经风靡一时的小灵通，豪赌3G技术却迟迟没有结果。濒临崩溃的边缘，华为被迫拓展海外市场，2003年重新步入快速发展通道。

在2002年华为濒于崩溃的最困难时期，以任正非为核心的华为高层管理团队并没有动摇信心，而是团结一心、意志坚定，用内心之火点燃了华为全体员工的生命之光，照亮了茫茫黑夜中的路程，带领华为人走出了困境，这是华为人面对挫折百折不挠的真实写照。

三、面对成绩自我批判

华为在不断取得成功的同时，坚持践行自我批判的纠偏机制，确保华为始终走在"以客户为中心"的正确道路上，长期保持艰苦奋斗的精神，支撑华为从胜利走向胜利。

1998年，华为从众多强大的国内外竞争对手包围中脱颖而出，成为国内最大的通信制造企业，但华为能够清醒地认识到，企业长治久安的关键在于接班人确认核心价值观，并具有自我批判的能力。

任正非在1998年华为品管圈活动成果汇报暨颁奖会上提出："一个企业能长治久安的关键，是它的核心价值观被接班人确认，接班人又具有自我批判的能力。希望全体员工共勉这一句话。千千万万的员工都会成为各级岗位的接班人，群体性的接班是我们事业持续发展的保障。"

2013年，华为超越爱立信，成为全球最大的通信设备制造商，华为却再次强调：自我批判是拯救公司最重要的行为。

2013 年 12 月 30 日，任正非在华为年度干部工作会议上提出："从'烧不死的鸟是凤凰''从泥坑里爬出的是圣人'，我们就开始了自我批判。正是这种自我纠正的行动，使公司这些年健康成长。这个时代前进得太快了，若我们自满自足，只要停留三个月，就会注定会从历史上被抹掉。正因为我们长期坚持自我批判不动摇，才活到了今天。"

四、面对机会永不满足

华为认为机会是牵引企业发展的主要动力，正是不断地抓住了机会，华为才实现了从一无所有到三分天下，从积极跟随者到行业领先者的跨越式发展。

成为行业领先者的华为，基于人类将走向智能社会的假设，逐步形成了更为宏大的"端管云"战略：致力于把数字世界带入每个人、每个家庭、每个组织，构建万物互联的智能世界，成为智能社会的使能者和推动者。

2017 年 6 月 2 日至 4 日，任正非在华为战略务虚会上提出：

智能社会有几个特征：万物感知、万物互联、万物智能。万物感知是传感器组成的"神经网络"，万物智能是超级计算，中间万物互联就是网络连接。我们要去研究"端、管、云"的内核优化，以及边界的相互影响。管道里是否有云？如何理解相互分工？从这个角度出发，来解构华为所在的位置。

第一，端。万物感知，用什么感知？软件用手抓不到，人类只有依靠终端才能体会。终端不仅仅是手机，家庭路由器、摄像头、穿戴设备、传感器、物联网终端等各种都可以称为"端"。实现万物互联，端的形态多样化；实现万物感知，端的非生物元素和生物元素高度融合，物理世界与数字世界高度融合，并具有边缘计算能力。

第二，管。在端和云走向智能的趋势下，未来的"管"将高度简化。智能社会首先要有万物互联，对"管"的要求是即插即用，极简的架构，管道一定是平台化的概念，而不是现在的树状结构。这对技术要求、商业模式产生新变化，要突破壁垒，推进整个管道平台化，实现超宽带、极低时延、海量连接。

第三，云。云承载了未来的智能运算，代表新的运算模式和服务模式，必须要抓住。"端、管、云"中到处会分布智能，但"云"是目前主要的智能来源。从功能上讲，在"云"里实现智能化，集中和分布、通用和专用并存，形成复杂结构。

小结

华为认为物质文明固然重要，但也要相信员工内心深处有比物质文明更高的目标与追求；尤其是当华为员工不再一贫如洗的时候，愿景、使命感、成就感才能更好地持续激发员工的工作热情。长期坚持以精神文明巩固物质文明的方针，积极开展精神文明建设：发展愿景导向持续奋斗，传承与发扬核心价值观，形成了集体奋斗的组织氛围，构建了高绩效组织文化，极大地巩固了物质文明建设，共同驱动了华为的商业成功与持续发展。

第 2 节
物质文明创造驱动力

《华为人力资源管理纲要 2.0 总纲（公开讨论稿）》是这样描述的："物质文明建设基于责任贡献，坚持了多劳多得的分配理念，形成了劳动所得优先于资本所得、组织激励来源于业务经营与发展结果的获取分享、个体激励向奋斗者与绩优者倾斜的回报分配机制。"

华为在长期的人力资源管理实践中，明确了劳动是价值创造的主体，应获得优先分配的理念，确立了基于责任贡献进行价值分配，即多劳多得的原则，逐步形成并持续完善了组织激励来源于获取分享制、个体激励基于以贡献定回报、价值分配的杠杆与导向作用等价值分配机制，构成了华为商业成功与持续发展的重要驱动力。

2014 年 6 月 24 日，任正非在华为人力资源工作汇报会上提出："未来为华为创造价值，要承认资本的力量，但更主要是靠劳动者的力量，特别在互联网时代，年轻人的作战能力提升很迅速。有了合理的资本或劳动分配比例、劳动者创造新价值这几点，那么分钱的方法就出来了，敢于涨工资。这样人力资源改革的胆子就大一些，底气就足一些。所有细胞都被激活，这个人就不会衰落。拿什么激活？血液就是薪酬制度。"

组织激励来源于获取分享制

在人力资源管理实践中，华为逐步认识到组织的激励应来源于获取分享制，即任何组织的物质回报都来自其创造的价值和业绩；基于获取分享制，华为逐步建立起并持续完善了业务经营与发展结果决定工资性薪酬包的机制，不仅能够合理地控制人力资源薪酬支出，降低公司的经营风险，而且能够有效地激发组织的活力，导向持续奋斗，支撑起华为的商业成功和持续发展。

一、获取分享制

与大多数企业一样，华为早期价值分配也是逐级分配机制，自上而下进行业绩评价和利益分配，这容易滋生以领导为中心、下级迎合领导来获取利益的风气。后来华为价值分配转变为获取分享机制，作战部门根据经营结果获取利益，后台支撑部门通过为作战部门提供服务分享利益，以促使各业务组织将所有努力都聚焦到业务经营与发展上，促进了公司的可持续发展。

（一）试行获取分享制

2004 年，华为提出应通过考核导向提高人均效益，来达到提升公司竞争力的目的，为后来试行获取分享制打下了基础。

2004 年 1 月 15 日，任正非在华为干部工作会议上提出：

永远要合理地减少非生产性人员，增加专业与业务人员，才有可能提高人均效益。各级干部一定要把自己部门内部效率低、不出贡献的人淘汰出去。不能因为也在做工作，与周边的关系、上下级关系不错，就一直迁就，如果一个干部不懂得通过主动置换，去创建一个更有效的组织，这个干部是不合适做一把手的。

我们认为考核是考核不走优秀干部的。不坚持考核，是以公司结束为代价的。因此，各级部门要认真对目标、任务进行考核。对考核目标不明确的，要今年与去年比，人均效益是否提高。没有提高的部门，其负责干部也视同完不成任务。通过两三年的努力，使考核逐步科学化、合理化。通过考核，要使公司产生更多的竞争力。

2012 年起，华为认识到了利益授予机制的弊病，尝试进行利益获取分享机制，以鼓励产生具有长远眼光的将军。

2012 年 7 月 2 日，任正非与 2012 实验室干部、专家进行座谈会，并在会上表示：

华为能从当年三十门四十门模拟交换机的代理商走到今天，没有将军的长远眼光我们就不能走到今天。为什么我们后继就产生不了将军呢？是文化机制问题，还是考核机制问题？

所以我们这次在广州召开的组织结构改革会上吵了一下午。胡厚崑最后说了一句话：我们的利益机制要从"授予"改成"获取"，授予就是我们上面来评，该你多少钱该他多少钱，大家都希望多拿钱。以后我们改成"获取""分享"。就是我们整个考核机制要倒过来，以利益为中心。

为什么我们机关这么庞大，是因为机关来分钱，机关先给自己留一块，自己发得好好的，工资也涨得好好的，剩下的让在阿富汗的弟兄们分，结果他们也拿不到多少。那这样的话，就是一种不能鼓励产生英雄的机制，不能产生战略的机制，所以我们现在要调整过来。

（二）优化获取分享制

2017 年，华为强调获取分享制的前提是产生了利润，如果没有产生利润，就没有了利益分享的基础；同时，需要持续完善成熟业务的获取分享制，逐步引入追加奖励、战略奖励等措施，并避免急功近利行为。

2018 年，华为明确将坚持并持续优化获取分享制，在夯实各类组织的激励资源与所创造的价值间显性关联的同时，也要不断完善与发展获取分享制的新内涵，促进成熟业务更好地经营，帮助成长业务和发展初期业务更快地发展。

华为采用获取分享制的价值分配方式，有效地平衡了公司与各业务组织之间的利益冲突，形成了"利益分享、风险共担"的利益共同体、命运共同体，促进了公司与各业务组织的多赢，达到了减人、增产、涨工资的目的。

一方面，能够有效地降低公司经营风险，公司只有获取了更多的经营收益，才会有更多的人力资源薪酬支出；另一方面，能够更好地激发各业务组织的活力，员工只有为公司经营做出了更大的贡献，才能分享到更多的薪酬收入。

2012 年到 2017 年，华为员工人数只增长了 31%，而销售收入增长了 174%，人均薪酬包增长了约 120%，实现了公司获取更多、员工分享更多的双赢。

表 5-1　2012 年至 2017 年期间，华为员工人数、销售收入与人均薪酬情况

年份	人数 / 人	收入 / 元（人民币）	不含股票人均薪酬包 / 元（人民币）	含股票人均薪酬包 / 元（人民币）
2012 年	13.7 万	2202	34.4 万	48.8 万
2017 年	18 万	6036	77.9 万	104.3 万
增长率	31%	174%	126%	114%

二、薪酬包制度

基于获取分享制的理念，华为率先在行政系统试点薪酬包制度，然后逐步推广到负责一线作战的代表处、承担主航道业务的业务群（BG），实施了不同业务组织差异化的薪酬包管理制度。

（一）行政系统薪酬包制度

2014 年，华为明确薪酬包制度就是要把落后的人挤出去，减人、增产、涨工资，行政系统要建立起薪酬包激励机制，以激发队伍活力。

2014 年 11 月 4 日，任正非在华为行政流程责任制试点进展汇报会上提出："行政系统也一样，要给行政系统一些薪酬包，要用薪酬包进行激励，让大家从正向来获取，不要从侧面去拿。你们做一个过去、现在薪酬包改革前后的对比，服务业务量多少，行政费用多少，岗位编制多少。如果业务增长了，你们没有加人或者还减少了 15 个人，至少 10 个人的薪酬包仍然可以给你们，给其他人涨工资。公司需要的是改进服务，不只是为了省钱。"

2017 年，华为在要求行政系统继续精简机关，清理不作为员工的同时，完善行政系统薪酬包制度，为下一步向代表处、业务群推广薪酬

包制度积累了经验。

2017 年 8 月 7 日，任正非在华为行政服务解决"小鬼难缠"工作进展汇报会上指出："我们明确在未来三年内，行政以现有薪酬包为基准（三年内减人不拿走你们的薪酬包），同时每年按公司薪酬平均增长比例，增长给你们。这就是'减人、增产、涨工资'。"

（二）代表处薪酬包制度

2014 年，华为开始在拉美北地区试点基线建设和弹性预算，明确了费用的改进和浪费都直接与收益相关、预算与业绩弹性相关，为接下来在代表处试行薪酬包制度夯实了基础，做好了铺垫。

2014 年 4 月 13 日，任正非在华为心声社区发表了一篇文章：

1. 拉美北地区部每个国家建每个国家的基线，用过去 3 年的数据分析就会得出一个基线，以后的改进就是瞄准前两年的改进。今年跟去年比，明年跟今年比。不要寻求统一的标准基线，不同国家情况完全不同。不追求最佳，最优，最科学，用平衡积分卡，发现哪个和前年比没有改进，明年就重点改进没有改进的那一块，这样多少年循环下来就能达到相对优化的管理。我们在获取分享的时候，改进就直接关系你的收益，浪费也直接关系你的收益。这样才能使自己的费用管理科学化。

2. 弹性预算管理要拿出经验来。比如你们现在计划增长了，效益增长了，人要去批，薪酬要去批，都要去批，那还如何弹性？你做大了，各项费用自然就跟上来了，就有条件自主去经营。但你业绩下滑了，就赶快去减预算。短时间节约不出来，可以理解，就是借我的钱，你用三年滚动周期还给我。现在我们的预算就是弹性不了，原因是财务大一统的管理，而不是授权到下面的管理。

2018 年，华为启动合同在代表处审结试点改革，其目的是激发代表处在内外合规基础上，多打粮食、增加土壤肥力、提高人均贡献的主观能动性，并将代表处建设成"村自为战、人自为战"的一线经营堡垒。

试点代表处的激励管理，是此次试点改革的重要内容：授予试点代表处采用激励总包（粮食包）管理机制，授予的粮食包包含工资性薪酬包和奖金包；试点代表处可在粮食包边界范围内，自主管理、自我约束，以充分释放代表处的活力。

2018 年 12 月 17 日，华为发布的《合同在代表处审结的试点方向与改革要点（试行）》提出：

1. 粮食包按照一个总包授予试点代表处。（如图 5-1 所示）

粮食包 =（收入 × 收入系数 × 权重 1+ 利润 × 权重 2）× 国家难度系数 × 通胀系数 + 战略穿透粮食包

- 收入系数 = $50\% \times \left(\frac{薪酬总包}{收入}\right)_{Year-1} + 30\% \times \left(\frac{薪酬总包}{收入}\right)_{Year-2} + 20\% \times \left(\frac{薪酬总包}{收入}\right)_{Year-3}$

- 利润系数 = $50\% \times \left(\frac{薪酬总包}{利润}\right)_{Year-1} + 30\% \times \left(\frac{薪酬总包}{利润}\right)_{Year-2} + 20\% \times \left(\frac{薪酬总包}{利润}\right)_{Year-3}$

图 5-1　华为试点代表处粮食包的管理机制

第一，以试点代表处最近三年的 ICT 业务年度销售收入、年度贡献利润、年度薪酬总包（含该年度发放的工资总额、各类补贴总额和奖金总额）作为该代表处粮食包获取的历史延长线构建基础。

第二，代表处最近三年的 ICT 业务销售收入、贡献利润在基于销售收入的获取延长线、基于贡献利润的获取延长线构建中，其权重分别为 20%、30% 和 50%。

第三，由基于 ICT 业务销售收入的获取延长线测算的粮食包占最终粮食包的 40% 权重；基于贡献利润的获取延长线测算的粮食包占最终粮食包的 60% 权重。

第四，公司 BG 为实现战略而自带战略穿透粮食包，在项目成功后可按相关约定额外加入代表处粮食包。

2. 试点代表处按照一定的规则将粮食包分为工资性薪酬包、经营性奖金包和战略 / 土地肥力奖金包。

3. 减员增效产生的工资性薪酬包节省可用于转换为经营性奖金（后续由业务管理小组建立实施细则）。

4. 经营性奖金包不能转化为工资性薪酬包。

5. 粮食包扣除工资性薪酬包的 30% 用作战略 / 土地肥力奖金，牵引代表处的中长期投入。

需要说明的是，贡献利润是华为独特的定义，是指区域销售组织或产品线真正给华为利润的贡献。

2017 年 3 月 3 日，华为高级管理顾问黄卫伟在"乔诺之声"发表文章《华为组织演变的 13 个关键问题》称：

产品线的贡献毛利是在分产品线核算的产品销售毛利基础上，扣掉产品线的研发费用、marketing 费用和管理费用的结果；对于区域销售利润中心，比如代表处和地区部，这个利润中心是在承接公司分产品的销售毛利率基础上，按该区域销售组织分产品的销售收入计算出总的销售毛利，再扣除直接销售费用，扣除非正常损失（所谓非正常损失主要包括：借货销售损失，即借货最后没有形成销售的退货损失，还有合同变更的损失、存货跌价损失、超期应收账款的坏账损失等），最后形成区域销售组织的贡献毛利。

在这个贡献毛利的基础上，再扣除公司的期间费用分摊，这样形成一个叫作贡献利润和贡献利润率的概念，这也是华为的创造，它是区域销售组织（产品线也进行类似的核算和分摊）真正给公司利润的贡献。

（三）业务群薪酬包制度

2019 年，华为为了促进消费者 BG 进一步抓住业务发展机遇，实现"规模增长"和"效益提升"双赢式的高质快速增长，决定在现有运作机制基础上，继续探索与实施以"机关手放开、业务放开手""机关管住钱、业务用好权""钱要体现集团意志、权要听得到炮声"为特征的消费者 BG 相对自主经营、自主管理的业务运营模式。

为了充分激发消费者 BG 追求更高发展目标的主观能动性，保障规模增长的经营质量，华为授予消费者 BG 合理的粮食包，消费者 BG 在边界范围内，自主管理、自我约束，充分释放消费者 BG 的创造活力。

1. 年度粮食包按照一个总包授予消费者 BG，包含工资性薪酬包和奖金包。

2. 奖金包按消费者 BG 贡献利润的一定百分比生成，其中 10% 至 15% 用作战略 / 土地肥力奖金，与考核中的土地肥力考核要求相挂钩，以牵引消费者 BG 自身对于中长期业务发展基础的投入。

3. 工资性薪酬包 = 粮食包 – 奖金包，工资性薪酬包可分成日常运营薪酬包和战略薪酬包：战略薪酬包主要用于消费者 BG 对于未来业务竞争力的投入，采用节约不归己的模式；日常运营薪酬包可采用节约归己的机制，即人均效率提升产生的日常运营薪酬包节约，可转换为其当年的经营性奖金，以牵引人均效率的持续提升。

4. 进一步建立现金流约束机制：设置年度消费者 BG 的利润兑现率目标，若低于目标，则应扣减一定的经营奖金包；若高于目标，则可进一步予以奖励。

5.粮食包中的奖金包不能转化为工资性薪酬包。

2019年4月4日，任正非在签发总裁办电子邮件《消费者BG粮食包管理高阶方案（试行）》中提出：

1.粮食包生成的主要依据有两点：

第一，基于历史延长线，基于消费者BG最近三年的销售毛利系数延长线和贡献利润系数延长线，叠加相应权重后，结合当年消费者BG经营业绩预测，测算形成当年粮食包。

第二，确因集团战略需求而要求消费者BG开展的业务，集团应授予相应的战略粮食包，以对应消费者BG增加人员投入的薪酬激励需要。

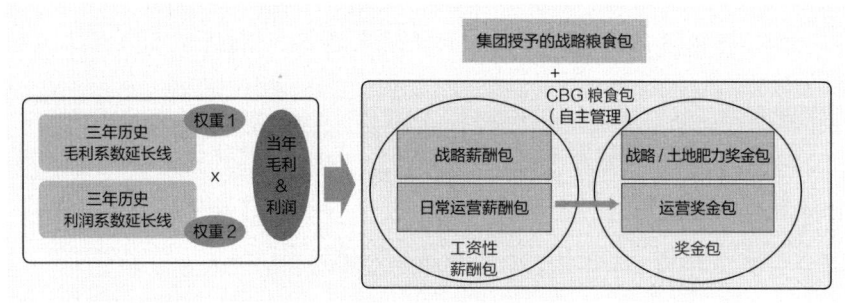

图5-2 华为消费者BG粮食包生成的主要依据

2.粮食包计算的主要逻辑：基于历史延长线和本年度的销售毛利、奖金TUP[①]前贡献利润计算粮食包。

[①] TUP（Time-based Unit Plan），是华为实施的一种基于绩效的长期激励计划，而不是股权计划，员工被授予5年有效期内的每年可获得年度收益，并在5年有效期满后获得期末收益。

粮食包 =（销售毛利 × 毛利系数 × 权重 1+ 奖金 TUP 前贡献利润 × 利润系数 × 权重 2）+ 集团授予的战略粮食包

· 毛利系数 $= 50\% \times \left(\frac{薪酬总包}{销售毛利}\right)_{Year-1} + 30\% \times \left(\frac{薪酬总包}{销售毛利}\right)_{Year-2} + 20\% \times \left(\frac{薪酬总包}{销售毛利}\right)_{Year-3}$

· 利润系数 $= 50\% \times \left(\frac{薪酬总包}{奖金 TUP 前贡献利润}\right)_{Year-1} + 30\% \times \left(\frac{薪酬总包}{奖金 TUP 前贡献利润}\right)_{Year-2} + 20\% \times \left(\frac{薪酬总包}{奖金 TUP 前贡献利润}\right)_{Year-3}$

注：粮食包应包含奖金和工资性薪酬包、离家补助、艰苦补助等薪酬激励项目。

图 5-3　华为消费者 BG 粮食包计算的主要逻辑

第一，毛利系数和利润系数的产生逻辑：基于过去三年每年的薪酬总包、销售毛利和奖金 TUP 前贡献利润之间的比值，结合年度影响权重，确定毛利系数和利润系数。考虑到过去三年对本年度业绩影响的差异，过去三年的年度影响权重由近及远取值为 50%、30% 和 20%。

第二，为牵引消费者 BG 快速规模发展，在最终形成粮食包的计算中，销售毛利权重（权重 1）取值 60%，奖金 TUP 前贡献利润权重（权重 2）取值 40%。

3.粮食包预算的调整与核算：在年初按照预算的销售毛利和奖金 TUP 前贡献利润生成粮食包预算；过程中由消费者 BG 按照业务滚动预测管控，年末根据销售毛利和奖金 TUP 前贡献利润的实际完成情况进行核算。

基于获取分享制，华为对行政系统、代表处和业务群等不同业务组织，实施了差异化的薪酬包管理制度，导向了"以客户为中心"核心价值观，取得了良好的效果，其实践的经验，特别是其背后的逻辑，值得其他企业学习借鉴。

1.利用近三年的薪酬包和经营效益等历史数据来计算当年的薪酬包，时间越近的历史数据权限越大，以保证业务的连续性。

2. 经营性薪酬包是由经营效益决定的，采取获取分享制，以分享收益，而且不同业务组织的经营效益目标和权重有所不同，以强化不同业务组织的努力方向，确保"多打粮食"。行政系统薪酬包与公司整体经营状况挂钩，代表处薪酬包与其自身实现的销售收入和贡献利润挂钩，业务群薪酬包与其自身实现的销售毛利和贡献利润挂钩。

3. 经营性薪酬包采用节约归己的机制，即人均效率提升产生的经营性薪酬包节约，可以转换为该业务组织当年的经营性奖金，以牵引人均效率的持续提升。

4. 战略性薪酬包是由公司开发新产品、开拓新市场、进行管理变革等战略需求任务决定，采取悬赏制，达成目标才能兑现奖金，以鼓励关注可持续发展，增加土地肥力。

5. 战略薪酬包采用节约不归己的模式，以确保对于未来业务竞争力的投入，支撑可持续发展。

个体激励基于以贡献定回报

在宏观上不断改进组织激励获取分享制的同时，华为也在持续完善以贡献定回报的个体激励规则，能够更加系统地指导各业务组织在微观上确定员工的工资、奖金和股权等收入，较好地平衡员工的短期收入和长期收入之间的关系，激励员工持续地艰苦奋斗。

一、薪酬要有市场竞争力

华为在咨询公司的帮助下，建立起了"以岗定级，以级定薪，人岗匹配，易岗易薪"的薪酬管理制度，并在人力资源管理实践中持续改进完善，以不断增强薪酬市场竞争力，吸引优秀人才的加入：

1997 年，华为从美国合益（HAY）引进职位与薪酬管理体系，建立起了岗位等级与薪酬水平的对应关系，即"以岗定级，以级定薪"。

1998 年，《华为基本法》确认：工资分配实行基于能力主义的职能工资制；同年，华为引进英国的国家职业资格证书制度（NVQ），明确了员工与岗位的匹配关系，不仅解决了员工职业发展通道问题，而且还初步建立起了科学的薪酬体系，形成了"以岗定级，以级定薪，人岗匹配，易岗易薪"的薪酬管理 16 字方针。

2000 年，华为认识到员工的任职资格或能力，最终还是要通过绩效来证明和体现，否则就如同"茶壶中饺子"一样——中看不中用。为此，华为强调员工的薪酬不应该与员工的学历、工龄、社会荣誉、社会职称等相关联，而应该以员工的贡献来评价薪酬。

2000 年 1 月 14 日，任正非在与员工谈话时说道：

我认为一个人文凭如何并不重要，一个人要努力提高自己的基础知识和技能，这很重要。拥有学历的人他们曾受到很好的基础训练，容易吸收新的技术与管理。但是有知识的人不一定有很好的技能。

我们要以贡献来评价薪酬。如果说这人很有学问，里面装了很多饺子，倒不出来，倒不出来就等于实际上没有饺子。企业不是按一个人的知识来确定收入，而是以他拥有的知识的贡献度来确定的。

2006 年，基于"不让雷锋吃亏"的理念，华为进一步明确了：员工的回报应基于岗位责任的绩效贡献，要为员工提供业界有竞争力的薪酬。

2006 年，任正非在《天道酬勤》中提出："奋斗就是付出，付出了才会有回报。多年来我们秉承'不让雷锋吃亏'的理念，建立了一套基本合理的评价机制，并基于评价给予激励回报。公司视员工为宝贵的财富，尽力为员工提供了好的工作、生活、保险、医疗保健条件，为员工提供业界有竞争力的薪酬，员工的回报基于岗位责任的绩效贡献。"

2014 年，华为提出不同业务模块应该面向市场进行薪酬水平的差异化对标，以提升薪酬水平竞争力，引入并用好更优秀的人才。

2014 年 6 月 24 日，任正非在华为人力资源工作汇报会上说道：

我们人力资源有很多模块，以前薪酬待遇都是对标电子工程师，太标准化。现在金字塔架构体系不发生变化，但里面的各个模块要异化，各自去和市场对标。

华为机器的核心制造和新产品制造去市场上对标，技师只要做到高质量，可以高工资。制造要尽快开始激活，把全世界最优秀的技师都挖到我们这里来，还做不出全世界最优秀的产品？也欢迎走掉的技师回来共创未来。

2015 年，华为提出薪酬水平要有国际竞争力，以充分调动员工的潜能和工作积极性，只要员工持续奋斗，公司就没有风险。

任正非多次在华为质量与流程 IT 管理部工作汇报会上说道：

对标世界级 IT 行业，对 IT 人员薪酬框架标准进行改革。将来机关（会有）越来越多的专家团队，专家待遇有可能比行政主管还高，因为行政主管将来有可能升将军的。现在法务、翻译已经开始改革，IT 体系也要改革。

质量与流程 IT 管理部可以梳理出 IT 人员的薪酬框架标准改革方案，去 HRC 汇报。将来 IT 机关作为专家团队协作推动，会有大批专家产生，对标 IT 行业，专家达到世界级多少标准，就拿多少工资。你们要把内部人员的潜能调动起来，主要是内生成长，但也不排斥引进互联网的优秀专家。

只要大家奋斗，公司就没风险；如果大家不奋斗，无论公司有多少钱，都有风险。

2017 年，华为进一步加大对最优秀人才的吸引力度，积极参与人才的全球化竞争。

2017 年 11 月，任正非在《华为人力资源管理纲要 2.0》修订与研讨会上提出："针对应届毕业生中的优秀人才，能否先给个 2% 至 5% 的指标，定较高的薪酬，像谷歌、三星、苹果面试那样直接定个薪酬，加大对最优秀人才的吸引；针对外部高端专家，要出台差异化管理机制，用特殊的方法管理。"

二、奖金要基于价值创造

华为坚持员工的奖金要基于为公司创造的价值，只有靠奋斗和努力才能得到，进一步强化了员工挣奖金，而不是公司分奖金的获取分享理念。

1998 年，《华为基本法》确认：奖金的分配与部门和个人的绩效改进挂钩，不会牺牲公司的长期利益去满足员工短期利益分配的最大化。

2012 年，华为提出：对基层员工要用绝对考核替代相对考核，强调收益分享、风险分担，以团结多数人，促进创造更好绩效。

2019 年，华为公布了消费者 BG 整体组织绩效目标的框架设计方案，绩效目标聚焦在多产粮食、增加土壤肥力和风险管理方面，在简化绩效管理的同时，强化结果导向，确保业务经营的合规性。

2020 年，华为提出：各业务场景要建立作业标准线并形成机制，超额完成要有激励，逾期要"收利息"，通过利益分享、风险共担，进一步调动作战团队的积极性。

2020 年 2 月 18 日，任正非在华为销售合同关闭总体组进展汇报会上指出："各业务场景都要设定一个作业的标准线，比如预销售或借货、订未发、发未开、开票未回款、分包 PO 未关闭等场景要有作业标准线，从发货到海关清关为止有个标准的时间段，如果超过这个时间，发完货后没开票，要'收利息'；如果到货和交付周期缩短，提前开票了，那这个省下的利息返给你，奖金就多了。"

三、股权要导向持续奋斗

华为认为，薪酬、奖金属于短期激励，是对员工当期贡献的分配，同时兼顾其为增加土地长期肥力的隐形努力，体现了"以奋斗者为本"的核心价值观；股权等长期激励，是对员工已有贡献及可持续贡献的价值分配，需要导向长期艰苦奋斗，形成命运共同体。

华为在创业之初就实行了员工股份制，以较好地平衡企业的长期利益与员工的短期利益之间的关系，避免员工的短视，不断提升企业的长期竞争力。

1998 年，《华为基本法》确定了价值分配的原则，明确了股权分配的依据，强调股权分配应向核心层和中坚层倾斜，以支撑公司的可持续发展。

2011 年，华为提高了饱和配股的上限，一方面要让优秀的奋斗者按他们的贡献获得更多的配股机会、导向冲锋；另一方面也要防止奋斗者惰怠、影响组织活力。

2011 年 4 月 14 日，任正非在华为关于如何与奋斗者分享利益的座谈会上提出：

我们这次提高了饱和配股的上限，其目的是，让优秀的奋斗者按他们的贡献获得更多的配股机会。这是一个大的战略，我非常担心这个战略落实不好。因为，有使命感、努力贡献的人，不一定是乖孩子，华为的文件过去许多是管乖孩子的。

如果这些努力贡献者没有得到利益，这是我们的战略失败。并不是已达到上限的一般的贡献者，也要跟风。他们跟了风，获得了不该获得的配股，或者升职快了些，也是我们的战略失败。我担心有些优秀的贡献者由于我们这次的排他条件及其他东西使他们失去增股的机会。

我们公司把股票分给了员工，大家不仅获得了自己劳动的报酬，甚至还获得了资本增值的报酬，这种报酬比较多，对公司的影响就比较大，有人就因此惰怠。要防止在奋斗者这个层面也产生惰怠者。

我们各级团队对优秀的奋斗者的评价，要跟着感觉走，判断这人是不是奋斗者，是不是有贡献，是依据他的表现，而不是依据公司的条文。他的股票的总数应根据各级管理团队的感觉，来确定它是否排在合适的队列位置，而不是迁就资历。

2014 年，华为强调要管理员工的薪酬、奖金等收益与股权收益的比例，以切实保障作战队伍获得大量的机会，让拉车人比坐车人拿得多、拉车人在拉车时比不拉车的时候要拿得多，以激励员工长期艰苦奋斗。

华为在以贡献定回报的个体激励规则指导下，较好地平衡了员工的工资、奖金、股权等短期激励和长期激励之间的关系，促进了更好地践行以奋斗者为本、长期艰苦奋斗的核心价值观。

工资反映的是岗位职责和贡献的市场价值：对公司而言是刚性营运成本，需要慎重对待；对员工而言则是保健因素，即薪酬并不能起到激励作用，调薪也只能起到暂时性的激励作用。因此，薪酬设计最为重要的是保持适当的市场竞争力，以确保能够持续地吸引公司所需优秀人才的加入。

奖金的作用是激励员工通过努力做出超越责任和组织预期的短期贡献，需要与经营效益直接挂钩，体现的是员工挣奖金、而不是公司分奖金的获取分享理念；因此，奖金设计最为重要的是确保组织内部的公平性，促使全体员工将所有努力都聚焦到业务经营与发展上，以实现公司获取更多与员工分享更多的双赢。

股权激励能够更好地激发骨干员工的企业家精神，鼓励员工为公司长期可持续发展做出贡献，在承担经营风险的同时，分享公司长期经营成果所带来的收益；同时，股权激励也需要平衡好新员工与老员工的收益状况，防止因老员工的惰怠破坏了艰苦奋斗的组织氛围。

价值分配的杠杆与导向作用

华为在坚持以贡献定回报的个体激励规则的同时，还强调发挥价值分配的杠杆与导向作用，激励向创造了更多价值的绩优者和奋斗者倾斜，并逐步拉开分配差距，打破分配的过度平衡，激励员工长期艰苦奋斗，支撑华为的持续发展。

2010 年，华为提出：人事体系薪酬的变革，要面对竞争激烈的生态环境做出反应，要更多地向奋斗者倾斜、向成功者倾斜，让奋斗的员工分享胜利果实，形成你追我赶的工作氛围。

2011 年 1 月 17 日，任正非在华为市场大会上提出：

我们一定要贯彻不同的业务岗位，职级是封顶的，不管你资格有多老，贡献不涨，薪酬不能涨。在一些全球化职位上，不仅要设计任职期限，还要有工龄限制，防止一些地区、一些岗位有长期的人才沉淀。

我们要按贡献拉开待遇差距，促使所有的人在任职期间必须努力。我们老是向左看齐。为什么不向右看齐？为什么不敢拉开差距？但是我们不要再像过去的刚性薪酬那样的僵化，我们把薪酬分成多少段，这一段是岗位津贴，那一段是什么，你这个岗位没有了，这津贴就没有了。所以我们向成功者倾斜，向奋斗者倾斜。

在待遇上怎么改革？我们要更多地反对资历，反对无所作为，反对明哲保身，也反对一劳永逸的分配制度。我们要使公司十万多优秀员工组成的队伍生机勃勃，英姿风发，你追我赶，我们要让奋斗的员工分享胜利果实，要让惰怠的干部感受到末位淘汰的压力。

2013 年，华为提出职位职级框架应具有一定的弹性，要敢于破格提拔，通过打破平衡来再造平衡。

2013 年 9 月 11 日，任正非在华为常务董事会成员民主生活会上说道：

职位职级系统既要有整体框架的平衡稳定，又要根据业务的需要，在一些关键点上合理打破平衡，先从提高一线作战部队职级做起。

结合公司战略，考虑在部分一线关键责任岗位（如新产业、新市场、须扭转劣势岗位）采取弹性定级，在干部使用和人岗匹配时，根据职级区间保持一定弹性。打破平衡，大胆破格提拔业绩突出人员的级别和薪酬，达到平衡、打破平衡、再造平衡的螺旋上升。

灵活调整级差，对一线管理岗位的定级级差（如正职与副职，上级与下级）要灵活掌握，实事求是。合理提升一线业务专家的岗位职级，专家的职级不一定要比其行政主管的职级低。

2014 年，华为提出逐步实施岗位职级循环晋升，进一步激发各单位争当先进。

2014 年 6 月 24 日，任正非在华为人力资源工作汇报会上提出：

第一，我们实际已有的薪酬标准就不要改变了，动的是个人职级。

第二，以岗定级不能僵化。以后有少部分优秀人员，没岗位但允许有个人职级，要看重这些人有使命感，创造力。如果脱岗定级的问题现在找不到合适方法来操作，就把优秀人员的岗位职级先调整了，然后他自己再去人岗匹配，程序还是不变，这个机制可以叫作"岗位职级循环晋升"。

如原来 20 级的组织，其中做得优秀的那 30% 可以转到 21 级，每三年转一圈，做得好的才动。每年拿 30% 优秀部门来评价，如果明年这个岗位还在先进名单里，就更先进了，还要涨。落后的没涨，就会去争先进，争先进的最后结果，我们把钞票发出去了，而且主要发给优秀单位。

2019 年，华为要求将激励资源聚焦，向作战一线中基层承重的作战队伍和优秀人才倾斜，向业务连续性及战略突破关键项目的贡献者倾斜，有序稳步但坚决地调整当前职能机关职级过高的问题，导向冲锋，导向长期在一线作战贡献。

2019 年 6 月 18 日，任正非在华为干部管理工作汇报会议上强调：

要提升一线作战承重与贡献岗位的职级，适当降低机关职能的岗位职级。过去组织体系和岗位承重是基于中央集权和中央管控，总体上是金字塔形的职级结构。

战时状态公司导向是"村自为战"业务模式，"村自为战"意味着在代表处、区域承担更大的责任和压力，资源的分配也从过去自上而下的配置逐步转变为自下而上的市场化买卖和拉通，代表处与区域的管理影响度也在增加，为此，对他们岗位的定位和承重，尤其是贡献承重岗位且已经打出来优良结果的，都应该逐步抬起来，相应机关的逐步降下去，这样让职级高的在一线，将作战弹头部的职级"提高吸引力"、机关职能支持岗位"降低吸引力"，让干部专家都愿意到一线工作。

各部门都要识别机关与一线，在资源有限和职级总量约束的情况下，重新去看激励资源的分布和职级结构的合理性。

小结

物质文明建设是华为商业成功与持续发展的两大创造驱动力之一。一方面，物质文明建设的核心就是基于责任贡献进行价值分配。任正非曾经说过：为什么华为的员工战斗力比别人强？就是因为分钱分得比别人好，而分钱的机制就是要求自己去获取；在获取与回报之间，有一种内在的关联关系，所以华为提倡获取分享制，在实践中逐步落实并持续完善了全力创造价值、正确评价价值、合理分配价值的利益驱动机制。

另一方面，华为的物质文明和精神文明是融合在一起的。价值分配导向并强化"以客户为中心""以奋斗者为本"和"长期艰苦奋斗"的核心价值观，形成了以物质文明促进精神文明、以精神文明巩固物质文明的良性循环，物质文明和精神文明共同驱动了华为的商业成功与持续发展。